답(答), 예수의 리더십

## 답(答), 예수의 리더십

2015년 6월 15일 | 제1판 1쇄 발행

지은이 | 강금연
펴낸이 | 안병창
펴낸데 | 요단출판사

주　소 | 158-870 서울시 영등포구 국회대로 76길 10
기　획 | (02)2643-9155
영　업 | (02)2643-7290~1　FAX (02)2643-1877
등　록 | 1973. 8. 23. 제13-10호

ⓒ 요단 2015

편집기획 | 이영림
디 자 인 | 최승협
제　　작 | 박태훈
영　　업 | 김창윤 정준용 이영은

값 12,000 원
ISBN 978-89-350-1573-3 03230

이 책의 한국어판 저작권은 요단출판사가 소유하고 있습니다.
출판사의 사전 승인 없이 책의 내용이나 표지 등을 복제, 인용할 수 없습니다.

# 답答, 예수의 리더십

강금연 지음

요단

| 추천의 글 |

  학교에서 '안녕하십니까?'로 시작된 목사님과의 만남 이후 목사님은 해마다 끊임없이 깜짝 놀랄 뉴스를 전해 주셨습니다. 연속되는 고난 속에서도 목사님은 평화로웠고 진취적이었으며 끊임없이 도전하셨습니다. 지금 이 시간도 무엇인가를 모색하고 꾸미고 계실 기획가이자 셀프리더십의 실행가이신 목사님은 총체적 리더십의 진정한 전문가가 아닌가 합니다.

  이 책을 읽으면 목사님의 내공이 범상치 않음을 누구나 깨달을 것입니다. 어느 책에 있을 법한 내용이라서가 아니라 본인과 같은 리더가 되지 않았으면 하는 바람에서 쓰셨다는 반어적인 겸손이 제 마음을 사로잡습니다. 「답, 예수의 리더십」의 소중한 내용은 우리의 인생에서 선한 영향력을 미친 진정한 리더십을 깨닫고 평생 품어야 할 반향적 울림이 될 귀한 저서라 생각됩니다.

백석대학교 관광학부 항공서비스학과 주임교수  
이향정

| 추천의 글 |

    항해사에게는 나침반이 필요하고 길을 모르는 자에게는 안내지도가 필요한 것처럼 우리의 인생 여정에도 미로를 안내하는 네비게이션이 필요합니다. 좋은 책은 우리의 인생 여정에 훌륭한 네비게이션 역할을 합니다. 이번에 강금연 박사께서 펴낸 책이야말로 이 분야에 공부하는 모든 분들과 연구가들에게 좋은 네비게이션이 될 것입니다. 그동안 이 분야에 대한 연구와 글들이 다소 미약하여 아쉬움이 있었으나 금번 강 박사께서 그 아쉬움을 해결해 주셔서 참으로 고맙게 생각합니다. 이 책은 그 미약한 부분에 대한 보충을 넘어서 목회자들에게는 좋은 지침서로, 교역자들에게는 가이드라인으로, 그리고 평신도들에게는 신앙과 삶의 기본개론으로 읽혀질 것입니다. 영성과 인격, 학문과 영혼 사랑하는 마음을 균형 있게 갖춘 강 박사님이 좋은 글을 낸 것은 퍽 다행한 일입니다. 이 책을 읽고 다시 한 번 하나님을 더 알아가고 신앙과 삶에 새 패러다임이 생기기를 소망합니다. 앞서간 분의 발걸음은 뒤에 가는 분의 길이 된다고 했습니다. 이 책이 주님과 동행하기를 원하는 모든 분들에게 길 안내서가 되기를 소망하며 적극 추천합니다.

웨스트민스터 신학대학원대학교 총장

정인찬

| 들어가는 글 |

　힘으로 되지 아니하고 능으로 되지 아니하고 오직 여호와의 신으로 되느니라(슥 4:6). 나는 참으로 열심히 목회했고 살아왔다. 그러나 공적으로나 사적으로나 다 실패한 후에 내가 깨달은 것은 모든 것은 내 힘으로 내 재주로 되는 게 아니라 성령의 기름 부으심 즉 하나님의 임재가 있어야 한다는 것이다. 내가 이것을 깨닫는 데까지는 오랜 세월이 걸렸다. 교회 개척 8년 만에 교회를 건축했고 기쁨의 축제를 잠시 누리는가 했더니 부실공사로 인한 법정소송, 그리고 패소이후 건축비 부채 후유증에 두 아이 비행까지 엎친 데 덮친 격의 사건들이 터졌다. 이것으로 끝나나 했는데 이번에는 내가 생사를 오고가는 교통사고를 겪고 2년여 동안 병원생활을 해야만 했었다. 교회 돌아와 보니 긴병에 효자 없다는 말처럼 교인들이 하나둘 교회를 떠난 상태였다. 그것도 부족했는지 연이어서 아내의 암선고와 골절까지 환난의 쓰나미가 연이어 몰아쳐 왔다. 이 수렁에서 나를 건지신분이 오직 예수님이셨고, 이런 상황들은 내가 리더십 전공자가 되는 계기가 되었다.

오늘날처럼 급변하는 세상에서 리더들은 과거 이전 세대가 군대, 기업, 학교, 교회, 혹은 사회단체에서 행했던 리더십으로는 충분하지 않은 현실에 직면해 있다. 왜냐하면 리더십은 우리 자신의 현재 모습이고, 다른 사람으로 하여금 그들의 현재 모습 이상의 존재가 되게 하며, 그들이 할 수 있는 것 이상의 일을 할 수 있게 하는 방법이기 때문이다. 오늘날 개인이나 국가가 당면한 가장 큰 이슈는 옳은 것이 무엇이고 그른 것이 무엇인지 분별하는 것이다. 우리가 속해 있는 공동체나 사회에는 절대가치도 없고 방향을 알리는 나침반도 없다. 그러니 우리가 표류하고 있다는 사실이 크게 놀랄 일이 아니다. 이 같은 도덕적 절대 기준의 결핍은 리더십 분야에 매우 큰 영향을 미친다. 최근 모든 분야마다 사람들이 리더십이란 용어를 많이 사용하고 있는 것은 그만큼 리더십의 부재로 힘들어 하고 있다는 증거이다. 현재의 많은 리더들은 정직하지 못하거나 무능하거나 또는 부패하여 진정한 리더십을 발휘하지 못하고 있는 실정이다.

참된 리더는 자기의 규칙을 팔로워에게 강요하지 않는다. 그는 자신의 삶으로 본을 보여주며, 그의 재능과 생명을 다해 봉사한다. 그 과정에서 사람들은 자원하는 마음으로 그를 따르고 그에게 기꺼이 권위를 부여하게 된다. 이것이 바로 리더십의 본질이다. 이것은 오늘날과 같은 인간 착취와 고통의 시대에 더욱 그렇다. 21세기의 리더들은 자신만의 작은 세계에서 과감히 벗어나 이 땅의 가난한 자와 억눌린 자들의 고통에 사랑의 손길을 펼 준비가 갖춰진 자들이어야 한다. 올바른 리더들은 없는 자들을 향해 분명한 긍휼의 곡조를 울려야 한다. 긍휼이라는 단어는 '고통을 함께 나눈다'는 의미이다. 그것은 없는 자의 수준에서 그와 함께 고통을 겪는 것을 뜻한다. 이처럼 리더십은 타인의 필요와 짐이 무엇인가를 파악하며, 그들을 위해 자신의 연약함을 기꺼이 팽개쳐 버리는 것이다.

또한 리더는 추종자들의 생각, 필요, 갈망, 소원을 귀담아 듣고, 잘 다듬어진 자기 신념 안에서 적절한 방법으로 반응할 줄 아는 사람이다. 피터 드러커 박사는 여러 책과 잡지에서 "리더에게 인기투표 따위는 필요 없다"는 취지의 말을 입이 아플 정도로 자주 했다. 그 말의 의미는, 리더가 빠지기 쉬운 유혹, 즉 바른 일보다도 인기를 끄는 일을 하고 있지는 않은가를 스스로 경계해야 한다는 뜻일 것이다. 그렇다고 리더십이 함부로 휘둘러야 하는 도구는 아니다. 리더십은 공유하는 것이기에 타인의 능력을 인정하고 신뢰할 수 있어야 한다. 리더는 추종자들의 앞길에 놓여 있는 걸림돌을 치워주는 '머슴'이다. 또한 리더는 추종자들이 잠재력을 펼칠 수 있도록 이끌어주는 사람이다. 그렇다면 리더십은 타고나는 것인가? 만들어지고 개발되는 것인가?

피터 드러커에 의하면, 리더는 타고날 수도 있지만 그러한 자는 극히 소수이며, 리더십은 습득되어야 하고 습득될 수 있다고 보았다. 존 맥스웰 역시, 리더십은 선천적으로 타고난 사람들의 전유물이 아닌 후천적으로 습득될 수 있는 것이기 때문에, 리더가 되고자 하는 열망만 있다면 리더십 개발은 가능하다고 말했다. 그러므로 아무리 선천적으로 타고난 리더라 하더라도 리더십 개발은 필요하다는 것이다. 왜냐하면 타인에게 영향력을 발휘하는 리더십이란 적절한 욕구와 행동을 겸비한 사람으로부터 학습 또는 계발될 수 있는 기술이기 때문이다. 피터 드러커 박사는 자기 자신만이 옳다고 여기는 독불장군과 같은 태도를 아주 싫어했다. 물론 리더십을 배운다는 것이 쉽지 않지만 배우지 않으면 안 되는 것이 리더십이기도 하다. 따라서 우리 모두가 자기기만의 리더십을 더 이상 따라가지 않고 최고의 리더이신 예수 그리스도의 리더십을 함양한다면 어떠한 조직도 21세기에 생존할 수 있을 것이다.

예수 그리스도의 리더십에서 섬김의 리더십은 최근에 거론되는 리더십 범주에 속한다. 로버트 그린리프(Robert Greenleaf), 피터 블락(Peter Block), 스티븐 코비(Stephen Covey)나 맥스 디프리(Max Depree) 같은 사업가들의 글 속에서도, 리더십이란 섬김이 중심이 되어야 한다고 언급하는 것을 발견할 수 있다. 섬김의 리더십은 본보기의 리더십이자 사랑의 설득이라 할 수 있다. 이제는 리더십에 관하여 이야기할 때, 예수 그리스도의 리더십 원칙을 거론할 때가 되었다. 우리는 지구상의 모든 사람들을 대할 때 예수께서 하셨던 것처럼 섬김의 도를 다해서 대해야 할 것이다. 한 민족을 변화시키는 열쇠는 오직 예수 그리스도의 리더십이며, 참된 리더십은 섬김을 통해 행사될 수 있을 것이다. 마하트마 간디는 예수 그리스도는 좋은데 기독교인은 싫다고 말한 적이 있다. 이것은 예수 그리스도의 마인드를 갖고 살지 못하며, 사회에 선한 영향력을 발휘하지 못하는 교회나 기독교인의 현 실태를 지적하는 것이다.

그래서 나는 예수 그리스도의 섬김의 리더십과 소통의 기술을 함양하지 못한다면 사회의 불통현상으로 인한 고통은 피할 수 없으리라 생각하고, 성경 속에 나타난 예수 그리스도의 리더십을 통해서 치유해보고자 한다.

"너희 중에 죄 없는 자가 먼저 돌로 치라"(요 8:7). 나는 누군가를 돌로 치려고 이 책을 쓴 게 아니다. 준비되지 못한 영적 리더들이 더 이상 나 같은 리더가 되지 않았으면 하는 바람에서 쓴 것이다. 흔히들 리더십을 영향력이라고 하는데 신약성경에 나오는 겨자씨 비유, 적은 누룩, 한 알의 밀, 세상의 빛, 세상의 소금은 영향력과 관계된 표현들이라 할 수 있다.

오늘날 리더십이 수많은 사람들에 의해 이야기되고 거의 모든 세미나나 강의에 단골메뉴처럼 등장하지만, 막상 리더십이 뭐냐고 물으면 고개를 갸우뚱 하는 것을 보게 된다. 이것은 딱히 한 마디로 리더십을 정의하기가 어렵기 때문이다. 그럼에도 불구하고 리더의 리더십이 중요한 이유는 리더에 따라 도시, 나라, 가정, 교회가 얼마든지 흥할 수도 있고 망할 수 있다.(마 15:14) 예를 들어 로마서 5장에 첫째 아담의 불순종은 온 세상을 죽음으로 몰고 갔지만, 둘째 아담이신 예수 그리스도의 순종은 온 세상을 죽음에서 생명으로 복구시킨 것을 들 수 있다. "주님이 다스리는 그 나라가 되면 사막이 꽃동산 되리"라는 가사처럼 예수 그리스도의 리더십은 사막을 꽃동산 되게 한다. 우리 인생의 답은 돈, 재능, 인맥, 지식, 그 어떤 것도 아닌, 오직 길이요 진리요 생명 되신 예수 그리스도의 영이다. 꺼지지 않는 작은 불씨 하나가 임야 전체를 태우듯 오직 위로부터 부어지는 예수 그리스도의 영이 우리를 살아나게 하는 것이다(눅 24:49, 행 1:8). 예수 그리스도의 영이 임하면 예수께서 그 인생을 다스리기 때문에 책 제목을 『답(答), 예수의 리더십』이라 한 것이다.

지금 책을 쓰는 이 순간에도 나의 영적 스승이며 한국최초 신학분야 1호 리더십 박사인 주상지 교수님이 생각난다. 나를 수제자로 삼아주시고 3년 동안 지도해주신 고마운 분이시다. 또한 이 책은 부족함이 많음에도 책임감수까지 마다하지 않으시고 해주신 백석신학교 학장이신 정인찬 교수님의 격려와 그동안 내 수업을 들으면서 열렬히 반응해준 백석문화대학교 학생들의 공이 크다. 또한 이 책이 나올 수 있도록 영성을 제공해주신 백석학원의 설립자 장종현 박사님과 몇 분의 목사님들께 감사하고 싶다. 이 분들은 책이나 페이스북 그리고 집회나 설교를 통해서 도움을 주신 고마운 분이다. 연세중앙교회 윤석전 목사, 선한목자교회 유기성 목사, 꿈의교회 김학중 목사, 오륜교회 김은호 목사, 우리교회 이찬수 목사, 춘천 소양성결교회 이원호 목사, 만나감리교회 김병삼 목사, 지구촌교회 진재혁 목사, 돈암동감리교회 김동걸 목사, 초교파 사모모임인 비전사라21 대표인 전정희 사모 등이다.

그리고 미흡하지만 기꺼이 출간을 허락해주신 요단출판사 대표이신 안병창 진흥원 원장께도 감사하고 싶다. 개인적으로는 지금껏 기다려준 나의 아내와 두 아들, 박사논문 지도교수이셨던 백석정신아카데미 사무총장 성종현 교수, 백석문화대학교 교목팀장 김홍진 교수, 천안 하늘평안교회 김성진 목사, 서울 대흥교회 이선하 목사, 나의 제자 이규원 형제, 백석대학교 항공서비스학과 주임 이향정 교수, 이 분들의 수고와 아낌없는 격려에 진심으로 감사를 표한다. 그리고 무엇보다 이 세상에서 최고의 리더로서 선한 영향력을 끼치신 예수 그리스도, 그분께 모든 감사와 영광을 돌린다. 아무쪼록 이 책이 여러모로 미흡하지만 도마 위에 오른 한국교회가 새로워지는데 도움이 되었으면 하는 바람이다. 나는 개인적으로 약 한 달 동안 연세중앙교회의 모든 예배에 참석한 적이 있었는데, 그때 받은 말씀 중에 "다른 대안은 없다. 예수 그리스도가 답이다."라는 말씀이 지금까지도 잊혀지지 않는다.

프랑스의 황제 나폴레옹은 "내가 검으로 건설한 제국은 눈 깜빡할 사이에 붕괴되고 말았다. 그러나 예수 그리스도가 사랑으로 건설한 왕국은 언제까지나 남아서 더욱더 왕성해지는구나."라고 말한바 있다. 끝으로 이 책의 내용은 나의 작품이라기보다는 참고문헌을 통해 나를 일깨워준 저자들의 작품을 편집한 것이라 하는 것이 옳을 것이다.

"힘에 겹도록 심한 고난을 당하여 살 소망까지 끊어지고 우리는 우리 자신이 사형선고를 받은 줄 알았으니 이는 우리로 자기를 의지하지 말고 오직 죽은 자를 다시 살리시는 하나님만 의지하게 하심이라"(고후 1:8-9).

2015년 6월 시작하는 날<br>
강금연

|목차|

추천의 글 ----- 04
들어가는 글 ----- 06

## Part 1 리더십에 대하여

1. 리더십이란 ----- 19
2. 리더십의 이론 ----- 21
3. 리더십의 유형 ----- 25
4. 상황 리더십 ----- 29
5. 변혁적 리더십 ----- 31
6. 섬김의 리더십 ----- 35
7. 수평적 리더십 ----- 40
8. 예수 그리스도 리더십 ----- 46

 Part 2 리더의 자질

1. 성숙-----53
2. 이타성-----56
3. 겸손-----61
4. 희생-----68
5. 선한 목자-----70
6. 진실성-----73
7. 기도-----75
8. 용납과 이해-----78
9. 완전-----82
10. 감사-----83
11. 권고-----85

## Part 3 리더십 스킬

1. 비전-----91
2. 열정-----95
3. 일관성-----97
4. 칭찬과 인정-----99
5. 희망과 격려-----104
6. 우선순위와 의사결정-----108
7. 핵심가치-----115
8. 위임과 팀-----120
9. 대인관계-----125
10. 커뮤니케이션의 유능성-----129
11. 효과적인 커뮤니케이션-----132

## Part 4 감성 리더십

1. 감성 커뮤니케이션-----139
2. 설득-----142
3. 경청-----147
4. 공감적 경청-----151
5. 피드백-----153

6. 유머와 이름-----156

7. 공감-----161

8. 존중-----165

9. 질문-----172

10. 청자중심 문화-----175

11. 스피치-----178

 **Part 5 가정 리더십**

1. 사랑의 언어-----185

2. 존중 커뮤니케이션-----187

3. 차이 이해-----190

4. 위기를 기회로-----193

5. 부모 리더십-----198

6. 사랑 리더십의 피드백-----202

7. 부모 리더십의 피드백-----207

8. 진로코칭-----211

9. 칠전팔기 셀프 리더십-----215

10. 필자의 소원-----232

마무리글-----233    참고문헌-----234

# Part 1
# 리더십에 대하여

## 01 리더십이란

모든 것은 리더십에 달려 있다. 성공적인 가정과 학교의 성패도, 모든 운동경기에서의 승패도, 교회의 흥망성쇠도, 군대의 성패도 모두 리더십에 달려 있다. 리더십이 변하고 있다. 과거 산업화 사회가 수직적인 지시 리더십이었다면, 근래의 지식정보화 사회에서는 수평적인 존중 리더십이 각광을 받고 있다. 존 스토트는 크레머의 말을 인용하면서, 제왕적 리더십(headship)에서 섬김의 리더십(servant leadership)으로 변화하는 것이 필요하다고 했다.

리더십이란 무엇인가? 리더십을 연구하는 학자들은 리더십을 정의하기가 결코 쉽지 않다고 말한다. 타넨바움(Tannenbaum)은 "리더십이란 사람과의 관계에서 영향력을 미치는 과정으로서 특정 목표를 성취하기 위해 커뮤니케이션이라는 방법을 사용하여 어떤 상황에서 행사되는 인간 상호간의 영향력이다"라고 했다. 즉, 리더십이란 한 사람이 다른 사람의 생각과 행동, 믿음 또는 가치에 영향을 끼치려고 노력하는 인간관계인 것이다. 그렇기 때문에 리더십은 개인적인 이익이나 목표 달성만을 위해 발휘되는 것이 아니다. 그것은 훨씬 더 고상한 목표를 위해 발휘되어야 할 것이다. 리더는 사람과 결과 두 가지 모두에 집중할 수 없기 때문에 그 중 한 가지의 선택을 강요당하는 경우가 많다. 그러나 캔 블랜챠드는 "더 높은 수준의 리더십이란 의미 있는 결과를 성취하는 과정에 존재하며, 그 과정에서 관련자들의 행복을 위해 존중과 배려 그리고 공정성이 지켜져야 한다"고 언급한다. 결국은 성과 달성 및 관련자들의 행복을 위한 리더십이어야 한다는 것이다. 그러나 전통적으로 리더십은 관련자들의 행복과 상관없이 '어떤 그룹을 특정 목표의 성취를 위해 밀어붙이는 것'으로 간주해 왔다.

그런데 근래 들어서 이러한 리더십 정의에 변화가 일어나고 있다. 리더십은 타이틀, 계급, 직위, 또는 권력을 이용해서 사람을 조종하여 자신의 목적을 달성하는 것이 아닌 의사소통을 통해 영향을 미치는 영향력이란 것이다. 피터 드러커와 함께 현대 경영의 창시자로 불리는 경영의 대가 톰 피터스는 "리더십은 한마디로 다른 사람이 성공할 수 있도록 도와주는 것이다"라고 정의했다. 즉 리더십은 영향력이고, 다른 사람이나 공동체의 목표를 실현하는 과정이며, 그 최종의 결과는 공동체의 변화인데, 이러한 리더십 발휘를 위해서는 리더와 공동체간의 커뮤니케이션 수단이 확보되어야 한다는 것이다.

이상의 정의들을 종합해보면, 리더십이란 목표를 제시하고, 이 목표에 대해 구체적으로 설명하고, 왜 이 목표를 달성해야 하는가를 설득하고 납득시키며, 리더 자신이 그 목표달성을 위하여 사람들과 함께 협력하는 것을 의미한다.

리더십을 발휘하기 위해 필요한 스킬은 어떤 것들일까? 리더십에 있어서 필요한 기술은 크게 두 가지로 나눌 수 있다. 과업 스킬(hard skill)과 관계 스킬(soft skill)이다. 과업 스킬은 비전 제시, 직무의 핵심가치, 직무에 대한 전략, 사명을 개발하고 가르치는 것을 포함한다. 특히 핵심 멤버들의 정책개발과 정책수행도 여기에 포함된다. 반면에 관계 스킬은 경청, 격려, 멘토 혹은 코치, 갈등 해결, 네트워크 형성, 상담, 동기부여, 위험 감수, 문제 해결, 신뢰 형성, 의사 결정, 효과적인 팀 구성, 커뮤니케이션, 창조적이고 전략적인 사고를 포함한다. 지금까지는 과업 중심의 리더십에 치중되어 관계를 소홀히 하는 경향이 많았다. 그러나 예수 그리스도는 하나님 나라를 말하면서도 하나님의 백성 그 어느 누구도 소홀히 하지 않았다. 그렇다고 리더가 너무 관계 스킬에 치중해서 공동체의 변화를 가져오는 과업 스킬을 소홀히 하는 것도 문제가 될 수 있다.

## 02 리더십 이론

리더십 이론은 역사적으로 시대의 변천을 따라 특성이론에서 행동이론으로, 행동이론에서 상황이론으로 변화되어 왔다.

리더십 이론 중 특성이론은 리더십의 근원이 다른 구성원과 구별

되는 개인의 특별한 성향과 자질에 있다는 이론이다. 본래 리더 속에 있는 어떤 무엇이 리더십을 발생하게 한다는 것이다. 이 이론은 19세기 말경과 20세기 초에 인기를 얻었다. 즉 리더가 더 많은 능력을 가질수록 그 리더십은 더 강력해지며, 다른 상황적인 요소보다도 개인의 능력이 리더십에서 가장 중요하다는 것이다. 이런 특성이론에 덧붙여서 주목 받았던 사람이 독일의 유명한 사회과학자였던 막스 베버(Max Weber)였다. 그는 카리스마 이론을 제창함으로써 특성이론에 크게 기여했다고 할 수 있다. 베버는 성경의 '은사'란 개념에서 카리스마란 말을 사회과학적으로 끌어냈다. 특성이론은 리더가 보통 사람과 구별되는 특성을 지닌다는 점을 밝혀냈지만, 이 이론은 모든 리더에게서 공통적으로 발견되는 명확하고 객관성 있는 자질 요인을 규정하는 데는 실패하였다. 그럼에도 불구하고 이 이론은 리더 자신에 초점을 두고 그의 능력의 중요성을 강조한 점에서 그 기여도를 높이 평가한다.

특성이론이 리더와 추종자를 구별 짓는 일관된 특성을 제시하지 못하자, 1940년대 후반에 이르러서는 리더와 추종자 간에 행동의 상호작용이란 관점에서 리더십을 연구하기 시작하였다. 이를 행동이론이라고 하는데, 행동이론은 리더십을 타고난 개인적 특성이라기보다 오히려 관찰될 수 있는 행동으로 간주하고, 리더십 유형을 과업지향형과 관계지향형, 혹은 독재형과 민주형이라는 두 가지 유형으로 제시하였다. 즉 행동이론을 통하여 리더십 유형이 출현하게 된 것이다. 이 행동이론은 리더 개인의 특성보다는 리더 개인의 행동적 스타일에 중점을 두었다는 것이 특성이론과 다르다고 하겠다.

주상지 박사는 헐시와 블랜차드 역시 리더의 행동 영역으로 과업행동과 관계행동을 제시하였다고 했다. 과업행동이란 리더가 그룹원들에게 일방적으로 무엇을, 언제, 어디서, 어떻게 행하여야 하는가를 설명하는 것이다. 반면에 관계행동이란 리더가 그룹원을 심리적이고도 정서적으로 후원하고 그들과의 쌍방 교제를 갖는 것을 의미한다. 이 이론은 그룹원의 성숙도에 따라서 과업행동과 관계행동 중 어느 한 행동을 강화할 수 있다는 이론이다.

성숙도의 두 가지 요소는 일의 성숙도와 심리적 성숙도이다. 일의 성숙도란 일을 수행할 수 있는 개인의 역량이며, 심리적 성숙도란 개인의 자존감과 자신감의 수준으로 판단할 수 있다. 따라서 구성원의 성숙도가 낮은 상황에서는 리더가 과업 지향적 행동을, 그룹원의 성숙도가 점점 더 높아질수록 관계 지향적 행동을 강화해야 한다는 것이다. 결국 리더가 리더십을 발휘할 때 과업중심으로 할 것인지, 관계중심으로 할 것인지는 그룹원의 성숙도에 따라 결정해야 한다는 것이다.

이 행동이론의 첫 번째 장점은, 리더의 행동은 리더의 성품과 능력과는 달리 객관적으로 관찰이 가능하다는 것이다. 두 번째로, 행동들은 더 정확하게 관찰이 용이하다는 것이며, 세 번째는 훈련에 의해서 획득될 수 있다는 것이다. 그러나 이 행동이론도 점차 한계에 부딪힘에 따라 다른 대안을 찾게 되면서 상황이론으로 옮겨가게 된다.

그동안의 리더십 이론들은 리더 자신의 특성과 리더 자신의 행동 방식이라는 두 가지 요소만을 고려했었다. 즉 공동체를 담고 있는 외부 상황이라는 요소를 도외시해 온 것이다. 그러나 상황이론에서는 마침내 상황이라는 가변적 변수를 집어넣음으로써 더 넓은 시야로 리더십에 접근하게 된다. 이 이론에 의하면 리더십은 여러 상황 변수의 산물이라는 것이다. 따라서 리더가 상황에서 가장 효과적이고 적절한 리더십 유형이 되도록 상황마다 리더십 유형을 바꿀 수 있다는 것이다. 이때 추종자들의 업무 성숙도가 리더십 스타일을 결정짓는 데 중요한 고려 사항이 된다. 상기한 리더십 이론들은 대부분의 상황에 해당하는 최선의 리더십 유형을 제시하려고 하였다. 그러나 상황이론은 이 세상에는 리더와 조직체의 숫자가 엄청나게 많으며 각각의 상황 또한 다양하기 때문에 거의 모든 경우에 맞는 한 가지의 리더십 유형을 제시하기는 어렵다고 주장한다. 상황이론가들은 성공적인 리더십이란 조직체의 상황과 리더십 유형의 관계에 좌우된다고 관찰하였다.

사도 바울은 복음을 전할 때 예수 그리스도처럼 종 된 리더십을 발휘했다. 바울이 종 된 이유는 더 많은 사람을 얻고자 한 것이다. 이와 같은 사도 바울의 리더십도 상황 리더십으로 볼 수 있다. "유대인들에게 내가 유대인과 같이 된 것은 유대인들을 얻고자 함이요 율법 아래에 있는 자들에게는 내가 율법 아래에 있지 아니하나 율법 아래에 있는 자 같이 된 것은 율법 아래에 있는 자들을 얻고자 함이요 율법 없는 자에게는 내가 하나님께는 율법 없는 자가 아니요 도리어 그리스도의 율법 아래에 있는 자이나 율법 없는 자와 같이 된 것은 율법 없는 자들을 얻고자 함이라 약한 자들에게 내가 약한 자와 같이 된 것은 약한 자들을 얻고자 함이요 내가 여러 사람에게 여러 모습이 된 것은 아무쪼록 몇 사람이라도 구원하고자 함이니"(고전 9:20-22).

## 03 리더십의 유형

리더십 유형이란 리더가 조직체를 목표 지향적으로 이끌어감에 있어서 그 구성원 개개인과 그룹에 영향을 미치기 위하여 채택하는 행동 양식으로, 리더와 그룹과의 상호 작용이나 리더 자신의 직무수행 방법을 다루는 것이다. 리더 중에는 만사를 혼자 결정하고 독단적으로 일을 처리하는 자로부터 그룹원의 의견을 존중하고 결정 과정에 그들을 참여시키고 토의와 토론을 권장하는 리더, 더 나아가서 그룹원의 자치와 자율을 전적으로 허용하는 리더, 혹은 과업 성취에만 급급한 리더가 있는가 하면, 사람들과의 관계를 중요시하는 리더 등 상이한 그룹에서 각각 다른 리더십의 유형이 나타난다. 리더가 어떤 상황에서 어떠한 유형의 리더십을 발휘하는가는 그룹 전체, 구성원 개개인 및 그룹의 생산력에까지 지대한 영향력을 끼친다.

보편적으로 리더십은 구성원들을 의사 결정에 참여시키는 '민주적 리더십'과, 반면에 구성원들의 모든 일을 통제하고 지시하는 '독재적 리더십'으로 양분되는 경향이 있었다. 민주적 리더십은 독재적 리더십에 비해 오랫동안 바람직한 리더십으로 여겨져 왔다. 그러나 문제는 업무에 경험이 없는 팀원들의 경우 그들에겐 지식과 기술이 성숙해질 때까지 강력한 지시적 리더십을 필요로 한다는 점이다.

데일의 4가지 유형은 회중의 과업을 강조하는 영역인 X축과 회중의 필요를 강조하는 영역인 Y축에서, X축은 '긍정적(Positive)/부정적(Negative)' 그리고 Y축에서 '능동적(Active)/수동적(Passive)'을 나타내는 4분원을 형성하게 된다. 그 4가지 유형은 촉매자형(Catalyst: 능동적/긍정적), 지휘관형(Commander: 능동적/부정적), 격려자형(Encourager: 수동적/긍정적) 및 은둔자형(Hermit: 수동적/부정적) 리더이다.

(1) 능동적-긍정적인 성격의 촉매자 유형은 행동을 주도하고, 그룹에 참여하여 그룹을 민주적으로 이끌어가며, 책임을 위임하고, 그룹원의 필요와 회중의 과업을 통합할 수 있는 리더십 유형이다. 이 유형의 장점은 장기간에 효력을 나타내며, 관계적으로나 상황적으로 신축성이 있다는 것이다. 단점이라면 광범위한 리더십 기술뿐 아니라 동시에 많은 시간과 사람들의 재능을 필요로 하는 것이라고 하겠다.

(2) 능동적-부정적 성격의 지휘관 유형은 생산과 과업을 중시하여 사람들보다 목표를 앞세우고, 그 목표 성취를 위하여 사람들에게 지시하고, 명령하고, 요구한다. 이 유형의 효율성은 역할 분담이 뚜렷하므로 각 사람이 무엇을 해야 하는가를 분명히 알아서 행동하는 것

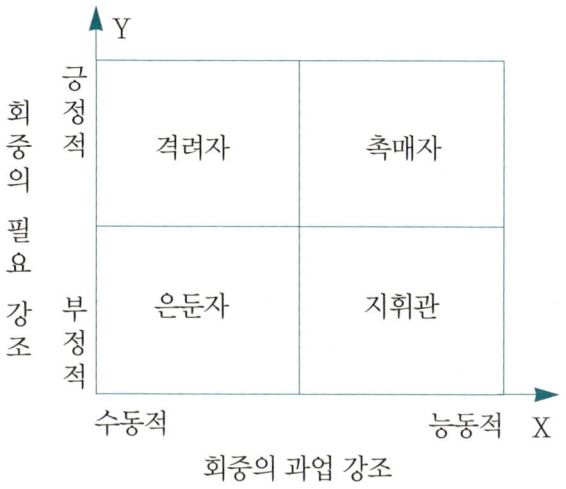

에서 나타난다. 장점으론 단기간의 효율성 때문에 일을 빠르게 해낼 수 있는 것이며, 반면에 단점은 긴장감과 갈등이 초래되어 경직된 분위기를 조성하게 되는 것이다.

(3) 수동적-긍정적 특성의 격려자 유형은 감정과 친교를 강조한다. 이 유형의 리더는 조직체의 능력 향상에는 별 관심이 없으며, 자신의 관계적인 기술 개발에 힘쓴다. 그는 목표보다 사람들을 우선에 두어서 그들을 양육하고, 그들과 마음을 같이하며 위로하며, 그들의 중재자가 되기도 한다. 장점은 사람들의 사기를 진작시키고 교제의 발전을 가져오는 것이며, 단점은 사람들에게 신경을 쓰느라 조직체는 소홀히 되어 가시적인 성취가 줄어든다는 것이다.

(4) 수동적-부정적 특성의 은둔자 유형은 한 마디로 리더십 상황에서부터 물러나서 문을 닫고 가만히 있는 모습의 리더이다. 이 유형의 리더는 사람과 목표 중 어느 것에도 관심을 표하지 않으며, 위축된 모습으로 뒤로 물러선 채 만사를 미루기만 한다. 그는 사람들에게 접근하지 않을뿐더러 회중의 목표를 추구하려고도 하지 않기 때문에 관계적인 면에서나 생산적인 면에서 일보의 전진을 하지 못한다. 그는 조직체가 안전한 상태로 유지되기를 바라기에 결국 그의 리더십 아래에서는 아무것도 일어나지 않는다. 엄밀한 의미에서 완전히 무능한 리더십 형태라고 할 수 있다.

회중의 과업과 회중의 필요를 교회에 적용해본다면, 양분화되어 있는 신본주의와 인본주의라 할 수 있다. 지금까지는 신본주의란 이름으로 교회중심의 교회에 치중했다면, 이제는 그 과정에서 소홀했던 성도들의 필요를 채워주는 인본주의 신앙색채를 융합해야 되리라고 생각한다. 안식일을 거룩히 지키는 것도 중요하지만 사람이 안식일을 위해 있는 것이 아니라 안식일이 사람을 위해 있다는 예수 그리스도의 말씀을 상기해야 할 것이다(막 2:23-28). 나 역시 목회하는 과정에서 교인들이 혹시 목회에 혹사당하지는 않았는지 미안한 마음 금할 길이 없다. 즉 리더십 효능성이란 리더십 유형과 그룹 상황의 영향력을 적절하게 결합시키는 능력에 따라 좌우되기 때문에 두 요소가 모두 중요시되어야 한다는 것이다. 따라서 리더는 다른 사람에게 영향을 미치기 위해서 행동을 취할 때, 어떤 특정한 상황에서 자기의 리더십 스타일을 어떻게 다르게 구사해야 할지를 바로 알아야 한다.

하나님이시면서 인간의 자리로 내려오신 예수 그리스도 역시 상황 리더십의 대가라 할 수 있다. 예를 들어 사마리아 수가 성 여인에게 물을 주제로 다가오신 모습이나, 어부들을 제자로 부르실 때 너희를 사람 낚는 어부가 되게 하리라는 표현방식을 보더라도, 예수께서는 그때그때 상황에 맞는 리더십을 발휘하신 것이다. 리더십을 발휘하는 데 있어서 3가지 요소를 고려해야 하는데, 그것은 리더, 팔로워십, 상황이다. 아무리 리더십 유형이 훌륭해도 팔로워십이나 상황이 받쳐주지 않는다면, 리더십의 효능성을 기대하기가 어렵기 때문이다.

## 04 상황 리더십

상황 리더십은 한마디로 정해진 정답이 있는 것이 아니라 상황과 개개인의 업무 역량에 따라 알맞게 적용하는 리더십이며, 가장 좋은 리더십이라 할 수 있겠다. 즉 리더십은 여러 상황 변수의 산물이라는 것이다. 리더는 상황에서 가장 효과적이고 적절한 리더십을 발휘하도록 상황마다 리더십 유형을 바꿀 수 있다. 그리고 이때 추종자들의 업무 성숙도가 리더십 스타일을 결정짓는 데 중요한 고려 사항이 된다. 따라서 요령 있는 리더는 다른 사람에게 영향을 미치기 위해 행동을 취할 때, 어떤 특정한 상황에서 자기의 리더십 스타일을 어떻게 다르게 구사해야 할지 알아야 한다. 왜냐하면 개인이든 단체든 간에, 모든 경우에 딱 맞아떨어지는 리더십 스타일은 없기 때문이다. 요즘 같은 리더십 부재의 시대에 2,000년 넘게 대중을 이끌어 오신 예수 그리스도의 리더십은 우리에게 시사하는 바가 크다고 하겠다. 블랜차드는 섬기는 리더가 행해야 하는 구체적인 리더십의 형태를 그의 책 『섬기는 리더 예수』에서 제시하고 있다. 이른바 '상황대응형' 리더십이라 불리는 것이다. 이것은 또한 예수께서 보여주신 리더십의 모형이기도 하다.

  이를 조직에 적용해 보면, 이는 구성원들의 현재 상태를 고려해서 그에 가장 적합한 리더십의 형태를 적용해야 한다는 것이다. 이 리더십을 제대로 실현하기 위해서는 무엇보다도 구성원의 상황을 제대로 파악해야 한다. 즉 의욕(확신과 열정)과 역량(지식, 기술 및 경험)이라는 두 가지 판단 기준을 통해 그들의 상황을 잘 파악한 후 4가지 발달수준으로 나누는데, 각 발달수준에 따라 지시형, 지도형, 지원형, 그리고 위임형이라는 4가지 수준으로 리더십 스타일을 적용한다. 예수께서는 단지 의욕만 넘치는 제자들은 지시형 리더십 스타일로, 현실의 냉혹함을 깨달은 제자들에게는 지도형 리더십 스타일로, 어느 정도 의욕과 역량을 갖추었지만 자신감이 부족한 제자들에게는 지원형 리더십 스타일로, 마지막으로 의욕과 역량을 두루 갖춘 제자들에게는 위임형 리더십 스타일로 섬기신 것이다. 이처럼 블랜차드가 제시하는 예수 그리스도의 리더십은 기독교뿐만 아니라 일반인에게도 리더로서의 자신의 모습을 성찰하게 만들어준다.

  필자 역시 강의를 듣는 학생들의 비전과 고민과 강의에 거는 기대감이 무엇인지를 알기 위해 학기 첫 시간에 그런 내용을 담고 있는 유인물을 나누어준다. 그리고 학생들이 제출한 자료를 집에 돌아와 서 다 읽어보면 학생들에 대한 충분한 이해가 되어서 강의 준비 뿐 만 아니라 강의를 하는 데 많은 도움이 된다. 왜냐하면 학부에 따라 수준과 종교가 천차만별인 학생들에게 동일한 내용이라 할지라도 다르게 접근해야 하기 때문이다.

## 05 변혁적 리더십

상호 거래적 리더십은 리더와 팔로워 양자가 이익을 보는 어떤 형 태의 상호교환을 한다는 경제적 모델에 기반을 두는 리더십이다. 그 에 비해 변혁적 리더십은, 한 사람 또는 그 이상이 타인과 관계를 맺 어 리더와 팔로워가 서로를 좀 더 높은 수준의 동기와 도덕의 범주 로 올려갈 때 나타난다. 그렇게 의도된 차이점에도 불구하고, 변혁 적 리더십 리더의 요구사항과 욕구를 고려할 뿐만 아니라 팔로워의 요구사항과 욕구 또한 고려해야 한다. 기존의 상호 거래적 리더십이 추종자의 자존감을 고취시키고 자아를 실현시키는 문제에 취약한 데 반해, 변화를 일으키는 변혁적 리더십은 에이브러햄 매슬로 (Abraham H. Maslow)의 인간의 5 단계 욕구 충족 중 특히 가장 높은 차원인 자존감과 자아실현, 욕구 충족 실현에 강한 구조를 지 니고 있다. 리더십 이론가들은 상호 거래적 리더십이 보다 높은 차 원의 유형으로 발전해야 할 필요성을 인식하게 되었다. 즉 직무 수 행의 대가로 추종자에게 보상을 주는 것 이상의 영향력 있는 리더십이 필요하다는 것이다. 이에 새로운 리더십의 필요성에 따라 변혁적 리더십이 대두되었으며, 이 변혁적 리더십은 조직체와 구성원의 삶에 변화를 일으키는 리더십이다.

상호 거래적 리더십은 사람들 간의 의견을 조율하여 협상을 성사시키고, 합의점이나 절충안을 마련하여 다른 공동체들과 단기 동맹 관계를 맺는 데는 능하지만, 그의 접근 방식이 시너지 효과를 산출하는 데는 그리 효과적이지 않다. 한편, 변혁적 리더십은 분리와 정복이 아닌 연결과 통합에 주력한다. 이 변혁적 리더는 자신의 비전을 다른 사람들의 꿈과 연결시킨다. 그리고 외부에 있는 공동의 적을 물리치기보다 구성원들 간의 문제를 극복하기 위해 노력한다. 요컨대, 변혁적 리더는 단순히 마음이 맞는 사람들의 수를 늘려가기보다는 다양한 자질과 성향, 의견을 가진 사람들을 포괄적으로 수용하여 공동체를 구성해 나간다. 물론 이는 공동체의 미션과 비전 그리고 가치들에 대한 사전 동의가 이루어졌다는 전제하에서 진행되어야 한다. 이처럼 영리 기업이든 비영리 조직이든 간에 조직으로서 살아남고 성공하기 위해서는 자신을 변화에 대응하고 변혁을 수행해가는 촉매자 혹은 촉진자로 변화시키지 않으면 안 된다.

버나드 배스(B. Bass, 1994) 연구팀이 군대, 대학생, 기업 매니저, 교육자 그룹을 대상으로 오랜 기간 연구한 결과에 의하면, 변혁적 리더십이 고위 간부직에만 해당될 것이라는 추측과는 달리 모든 계층의 리더에게서 나타났다. 상호 거래적 리더십이 현상 유지, 성과가 미흡할 때 너무 자주 간섭하며, 뒤쳐지는 구성원에게 행동 수정을 주문하는 형태가 많은 반면에 변혁적 리더십은 비전과 사명감을 제시하고 조직 구성원으로부터 상호 신뢰와 존중이 두터운 것으로 나타났다. 또한 개개인에게 사려 깊고 지지적인 행동 표시를 많이 하는 경향이 있고, 높은 기대치 목표에 대한 이해와 상호간의 의사소통 양식이 활발한 것으로 드러났다. 그러므로 변혁적 리더십은 주어진 환경에 순응하지 않고 오히려 올바른 방향으로 변혁시키려고 도전하는 리더십이다. 따라서 변혁적 리더십은 개인이나 집단과 조직에 있어서 획기적인 변화가 요구될 때 이상적인 리더십이 될 수 있다.

훌륭한 리더는 변화를 일으킨다. 우리에게는 운명과, 희망, 그리고 미래가 있다. 과거는 한정되어 있으나, 미래는 무한하다. 과거는 고정되어 있으나, 모든 것을 새롭게 하시는 예수 그리스도와 연합된 사람들에게는 지속적인 변화가 가능하다(계 21:5). 변화를 위해서 우리는 반드시 우리의 생각의 절차들을 재정리하고, 새로운 방식으로 바라보아야 한다. 메시아가 이 땅에 오셔서 고난을 당하고 섬기고 가난과 겸손으로 살 것이라는 것은 유대 사람들에게는 성육신 이전에 상상도 해볼 수 없는 것이었다. 메시아가 무명으로 태어나고, 범죄자와 같이 죽을 것이라는 것은 상상해 보지도 못했다. 이러한 컨셉은 그들의 생각 범위 밖이었다. 예수님은 혁신자이며, 변화의 에이전트였다. 모든 효과적인 리더들은 그래야 한다. 어떻게든, 우리 모두는 변화에 혐오감을 가지고 있다. 특히 모든 일들이 잘 돌아갈 때는 더욱 그렇다. 변화와 혁신은 물리적이고 영적인 성장 모두를 위한 필수적인 구성요소이다. 변화 없이는 성장은 불가능하다.

하나님께서 부르실 때, 따르기 위해서는 믿음과 순종이 필요하다. 그것은 단순히 새로운 방식의 삶이 아니라, 완전히 새로운 종류의 삶이다. 이러한 떠나야 하는 삶과 완전한 변화는 매우 큰 스트레스를 만들어 낼 수 있다. 그것은 위협적이며, 무섭고, 어렵다. 그리고 이러한 변화 역시 단단한 핵심가치에 뿌리를 내리고 있어야 한다. 하나님은 때때로 우리의 모습을 만들기 위해, 그리고 변화되는 과정을 돕기 위해 고통스러운 경험들을 사용하신다. 변화는 우리가 홀로 속해 있을 때는 감당하기 힘든 것이다. 이때 리더는 다른 사람이나 조직에 변화를 야기하는 역할을 한다. 예수 그리스도는 사람들이 사는 곳이나 능력, 교육 정도, 연봉 따위와 상관없이 한 사람 또 한 사람씩 제자로 삼으셨다. 그리고 그것이 세상을 바꾸는 방법이기도 했다. 죽은 자가 살아나고 병든 자가 고침 받고 눈먼 자가 보게 되는 것은 다른 이들의 삶에도 똑같은 역사가 일어나게 만드는 일로 하나님이 세상을 변화시키기 위해 세워두신 전략의 핵심이었던 것이다.

무엇이든 크면 클수록 좋고, 빛날수록 효과적이라고 믿는 문화 속에서 예수 그리스도는 늘 변함없이 겸손하게, 그리고 묵묵히 사람들에게 초점을 맞추는 삶을 살라고 말씀하신다. 지금도 제자를 삼으라는 예수 그리스도의 명령에 순종만 하면 세상을 바꿀 수 있다고 말씀하신다. 예수 그리스도는 세상에 복음을 전하는 사명을 완수하시기 위해 이스라엘의 큰길과 샛길을 두루 누비시면서 소수의 사람을 찾아 다니셨다. 그렇다고 예수 그리스도가 사명을 가볍게 여기셨다는 말이 아니다. 거대한 혁명을 주도하셨지만 오늘날처럼 '대형'이나 '다수'를 추구하지 않으셨다는 뜻이다. 오히려 예수 그리스도의 혁명적인 사역은 소수를 중심으로 돌아갔다. 지체 높은 이들을 끌어들이는 일에 관심을 두지 않고 몇몇 사람들을 선택하는 데 초점을 맞추신 것이다. 역사의 흐름을 바꾸는 작업을 하면서 의도적으로 지위, 신분, 갈채, 인기 따위를 멀리하셨다. 그러므로 이제는 리더십 패러다임이 예수 그리스도의 변혁적 리더십으로 전환되어야 할 것이다.

## 06 섬김의 리더십

    섬김의 리더십이란 사람들을 도와서 그들의 목표를 성취하게 하고 효과적으로 이루도록 돕는 리더십이다(엡 4:12). 섬김의 리더십 특성은 자신의 왕국보다 하나님의 왕국을 위해 자신의 권리를 포기하는 것이다(고전 9:19-22). 섬김의 리더십은 방향제시자, 파트너, 지원자의 세 가지 역할에 중점을 둔다. 섬김의 리더십은 자신의 필요가 아니라 다른 사람들의 필요를 채워주는 사랑의 리더십이다. 그러나 섬김은 공손하고 온화해 보이지만 무조건적인 봉사는 아니다. 기대의 기준을 높여 더욱 나은 사람이 될 수 있도록 도전하지 않는다면, 그것은 사랑의 섬김이라고 할 수 없기 때문이다. 여기서 문제가 되는 것은 성과와 봉사이다. 너무 성과 위주가 되면 섬김의 봉사가 되기 어렵고, 반면에 그렇다고 너무 섬김 위주로 가면 성과가 없는 봉사로 전락하기 쉬운 단점이 있다. 톰 피터스는 자신의 저서에서 그린리프의 말을 인용하면서 "섬김의 리더십은 타인을 위한 봉사에 초점을 두는 것이며, 이를 위해서 구성원과 고객, 공동체를 우선시하고 그들의 욕구를 만족시키기 위해 헌신하는 리더십이다"라고 했다.

  섬김의 리더십은 타인을 이용하고 학대하는 것이 아니라 자신을 주며 타인을 세울 줄 아는 리더십이다. 그러므로 섬김의 리더십은 종이면서 리더가 되어야 한다. 왜냐하면 섬김의 리더십은 방향이나 지침을 제시하지 않고 사람들을 제멋대로 하게 함으로 조직에 심각한 피해 입히는 것을 용인하지 않기 때문이다. 진정한 리더와 명예욕뿐인 리더를 구별하는 기준 중 하나가 바로 섬김이다. 예수 그리스도는 리더로서 그의 사람들을 섬기셨다. 대부분의 종교가 가르치기를 인간이 세상에 존재하는 이유는 신을 섬기기 위해서라고 하지만, 예수 그리스도는 오히려 하나님께서 인간을 섬기고자 하신다고 가르치셨다. 섬기는 리더들은 개인적인 야망보다는 인도를 받는 리더의 목표는 다른 이들을 돌봄으로써 자신이 섬기는 자처럼 보이게 하는 것이 아니다. 진정으로 그들을 사랑하기에 다른 이들을 섬김으로 세우는 것이다. 권력형 리더들은 다른 사람들 위에 서려는 경향이 있다. 인간의 본성은 자신의 욕망을 채우고자 정상을 향한 지름길을 모색한다.

  그러나 예수께서는 '큰 자가 된다'는 용어에 대한 해석을 다시 내리시고, 리더가 되는 길은 희생과 고난과 섬김의 길을 택해야만 한다고 역설하셨다. 예수 그리스도의 주권의 본질은 자기 백성 위에 군림하는 것이 아니라 자기를 내어주는 일에 백성을 초대하는 것이다. 이처럼 우리는 모두 그렇게 하라고 부름을 받았다. 마가복음 10장 45절에 나와 있는 섬김과 종의 개념은, 리더십이 권력이나 통치를 휘두르는 관점이 아닌 봉사와 헌신이 있는 섬김의 관점에서 본 것이다. 예수께서는 몸소 종의 도를 보여주심으로써 사람들의 삶에 변화를 가져오는 영향력을 끼치셨다. 예수께서는 "누구든지 으뜸이 되고자 하는 자는 종이 되어야 한다"고 하시면서 명확한 역설을 만들어내셨다. 제자들은 '맨 앞줄'을 좋아했다. 그러기에 종이 되어야 한다는 사실에 머리를 긁었다. 이 구절에서 '종'이란 원어로 '둘로스'인데, 노예를 의미한다. 그들은 1세기 당시 사회 계급에서 가장 밑바닥에 해당되는 계층이었다. 이들은 물건처럼 돈을 주고 사고 팔 수 있었다.

노예는 권리나 특권도 없고, 원하는 것이나 욕구도 없었으며, 단지 주인으로부터의 명령만 있을 뿐이었다. 유대인이었던 제자들은 누구의 노예가 된다는 사실을 거부했다. 그들은 예수 그리스도가 가르치신 리더십을 거부했다. 왜냐하면 노예가 된다는 것은 개인의 권리를 포기하는 것이기 때문이었다. 우리는 이 세상에서 섬김을 받기 위해 부름 받지 않았고, 섬기고 자신의 삶을 주고 베풀기 위해 부름 받았다.

예수 그리스도는 리더십의 본질로 오직 낮아짐만을 말씀하셨다고 보는 사람들이 많다. 그러나 이 리더십에 종의 마음이 요구되는 것은 분명히 맞지만 종의 마음이 있다고 해서 누구나 리더인 것은 절대로 아니다. 이처럼 가장 훌륭한 리더십의 권위는 위신이나 성격이나 직위의 힘에서 나오는 것이 아니라 바른 모범에서 나오는 것이다. 그리고 그 리더십이 제대로 기능을 발휘하기 위해서는 전통적인 피라미드 계급 구조가 거꾸로 되어야 한다. 물론 오늘날 대부분의 조직들은 본질상 피라미드 같은 계급 구조를 갖고 있다. 사람들은 비전과 방향 설정 때문에 지도자들을 존경한다. 이 부분에 있어서는 전통적인 계급 구조가 효과적이다. 비록 방향을 설정하는 과정에서 사람들을 참여시키기 원한다 해도, 비전을 수립하고 방향을 설정하는 책임은 전적으로 지도자에게 있기 때문이다. 이런 이유 때문에 아직도 계급 구조 같은 전통적인 피라미드 구조가 존재하고 있다.

그러나 이 계급 구조 속에서는 윗사람 눈치를 보게 되고 윗사람을 위해 일한다고 생각하며, 사람들은 자신을 상관이 책임져야 하고, 상관과 그 사람의 변덕이나 바람에 반응을 보이게 된다. 그 결과 조직의 모든 에너지는 고객이나 최전방에서 일하는 사람들에게 관심을 기울이기보다는 계급 구조의 위쪽에 신경 쓰게 된다. 불행하게도 이런 일은 모든 종류의 조직들에서 항상 일어나고 있다는 것이다. 그 결과 조직의 가장 중요한 사람들, 즉 고객과 접촉하는 사람들은 고객의 필요가 무엇인지 관심을 갖기보다는 그들의 보스가 원하는 것이 무엇인지 알기 위해 모든 시선과 정열을 쏟게 된다. 그러나 이러한 전통적인 피라미드 구조에서는 조직의 비전과 방향을 달성하기 어렵다는 사실을 인지해야 한다.

이와 같은 시대에 필요한 '섬김의 리더십'은 미국의 로버트 그린리프에 의해 정립된 모델이다. 그가 주장하는 핵심적인 메시지는 "누구라도 어떤 집단에서 많은 사람들을 리드하고자 한다면 먼저 그들을 서브해야 한다"는 것이다. 또한 그린리프는 다음과 같은 말을 남겼다. "이 나라에는 문제가 있습니다. 점점 큰 기관, 즉 교회, 기업, 정부, 노동조합, 대학 같은 기관들이 이 나라를 지배하고 있는데, 이처럼 비대해진 기관들이 우리를 제대로 섬기지 않는다는 점입니다." 예를 들어 예수 그리스도가 몸소 베푸신 세족식은 섬김에 대한 가장 기본적이고 고귀한 상징으로 존재한다. 그분의 나라에서는 높은 자일수록 섬겨야 한다는 종 된 리더십(Servant Leadership)이 필요하다. 종 된 리더십의 핵심은 자신의 선호를 포기하는 것이다. 섬김을 받는 자들의 필요를 민감하게 파악하고 그 필요에 따라 움직이는 것이 섬김의 리더십의 본질인 것이다.

섬기는 리더는 비전을 명확하게 제시할 줄 알아야 한다. 리더가 제시하는 비전에는 네 가지 측면이 있는데, 그것은 목적, 가치, 이미지, 그리고 목표이다.

섬기는 리더에게 있어서 가장 중요한 요소는 사람들을 도와 그들의 목표를 성취시키는 것이다. 그것을 이루기 위해선 다섯 단계가 있어야 한다. 첫째, 그들에게 할 일이 무엇인지 알려주어야 한다. 둘째, 그들에게 할 일이 무엇인지 보여주어야 한다. 셋째, 그들이 하고 싶어 하는 것을 하도록 내버려두는 것이다. 그리고 넷째, 그들이 해나가는 것을 관찰하는 것이다. 섬기는 리더들에게는 이 네 번째 단계인 관찰하는 것이 가장 중요하다. 특히 관찰은 중간평가 성격을 띠고 있기 때문에 반드시 거쳐야할 과정이다. 다섯째, 그들의 진보를 칭찬하고 잘못된 경우 새로운 방향을 제시하는 것이다.

## 07 수평적 리더십

유엔 미래포럼의 제롬 글렌 회장은 권력의 중심이 농경 시대에는 종교에 있었고, 산업 시대에는 국가에 있었으며, 정보화 시대에는 기업으로 넘어갔다가, 후기 정보화 시대인 지금은 각 개인으로 넘어가고 있다고 주장한다. 이 같은 시대의 변화는 기업과 조직 경영의 모든 부문에 근본적인 패러다임 전환을 가져왔다. 이러한 전환은 또한 현대의 조직이 위계서열 중심인 수직적 구조에서, 공헌도에 따라 자율과 책임이 중시되는 수평적 구조로 바뀌었음을 보여준다. 하버드대 교수인 데이비드 거겐은 "과거에는 명령을 신속하게 수행하는 수직적 리더십이 효율 면에서 더 유용했지만, 다양성과 유연성을 중시하는 인터넷 시대에는 소통과 조화를 중시하는 수평적 리더십이 대안이 될 수 있다"고 했다. 이 말은 조직 내 성과를 달성하기 위한 지배구조 중심의 종적인 커뮤니케이션에서 조직의 공헌에 초점을 맞춘 횡적인 커뮤니케이션으로의 전환을 의미한다. 뒤집어 말하면 예전의 리더십을 고집해서는 안 되고 시대에 맞는 새로운 리더십을 갖춰야 한다는 것이다.

이러한 변화는 지난 20여 년 동안 경영의 중심과제로 자리를 잡고 기업, 공공 기관, 군대, 병원을 비롯한 현대 사회의 모든 주요 기관들의 화두인 커뮤니케이션에도 적지 않은 변화를 몰고 왔다. 그 예로 과거 대기업들은 '하청업체' 라는 용어를 사용했지만, 지금은 '협력업체' 라는 용어를 쓴다. 일방적으로 납품을 요구하는 방식이 아니라 상호간에 공동의 이익을 위해 협력하는 모습으로 변화하고 있는 것이다. 21세기에는 바야흐로 공존의 시대라고 한다. 그러나 지금의 사회를 보면 이런 시대적 흐름에 빠르게 적응하지 못하는 것 같다. 조직 구조는 수평적으로 변화하고 있지만 그것을 작동시키는 문화는 여전히 수직적이며 권위주의적이다. 가정에서도 자녀들이 권위적인 아버지와 대화하는 것을 꺼리는데, 조직 안에서 윗사람이 권위적이면 아랫사람이 다가가는 것이 어려운 것은 당연한 것이다. 이와 같은 전통적인 리더십으로는 오늘날의 인적 자원과 변화된 조직을 이끌 수 없다.

캔 블랜차드는 그의 저서 『경영자의 영향력』에서 '자기와 다른 생각과 모습을 가진 사람들'에게 다가가고, 그들을 영접하는 사도 바울의 태도가 그들의 삶을 바꾸는 원동력이 되었다고 말하고 있다(고전 9:19-22). 따라서 시대에 맞는 새로운 리더십인 수평적 리더십의 양방향 커뮤니케이션 방식이 필요하다. 그 이유는 이전의 전통적인 리더십에서는 일방적인 이론 제시나 지식, 정보전달 밖에 할 수 없었기 때문이다. 사회학자인 막스 베버는 서구 사회의 근대화 과정을 목적, 합리적 행위가 지배적인 원리로 자리 잡게 되는 과정으로 보았다. 그리고 그 과정은 다른 무엇보다 자본주의 사회 속에서 관료제의 발전으로 구체화되었다. 제도적 차원에서 관료제는 국가의 사회, 경제적 목표를 달성하기 위한 최적의 방법들로 구축

되어 있었다. 이와 같이 정확성, 명료성, 신속성, 위계성, 통일성, 생산성을 지니고 있는 관료제야말로 국가적 목표 달성을 위한 가장 효율적인 수단을 마련할 수 있는 장치였다. 그런데 베버는 관료제가 확산되고 보편화되는 근대 서구 사회에 대한 우려를 표명하면서 암울한 전망을 내놓았다. 그에 따르면 관료제는 소수에 의한 권력 장악을 용이하게 함으로써 민주주의의 기반을 뒤흔들고, 개인들을 조직적 원리로 포섭하면서 자유, 독창성, 비판적 정신의 기초를 붕괴시킬 가능성이 있다는 것이다. 관료주의는 어떤 기관이든지 규모와 영향력이 커지면서 필연적으로 부닥치는 현상이다. 종교기관, 학교, 정부, 기업, 병원, 심지어 가족까지 모든 기관이 관료화하는 경향이 있다.

이념이나 목표와 상관없이 관료화는 피할 수 없는 족쇄처럼 다가온다. 어떤 기관이라도 세상을 위해 유익한 일을 할 수 있지만, 조금씩 관료화되면서 본연의 기능을 하지 못한다. 왜냐하면 관료주의는 편협하고 융통성 없고 형식적인 체제, 선례에 얽매어서 새로운 창의력을 보여주지 못하는 체제이기 때문이다. 또한 막스 베버는 자신의 저서 『사회 경제학적 조직이론』에서 '권력이란 원하지 않는 사람에 대해서도, 자신의 지위 또는 세력을 이용하여 자신의 의지대로 행동하도록 강제 또는 지배하는 능력'이라고 한 반면에, '권위란 자신의 영향력을 통해 다른 사람들을 기꺼이 자신의 의도대로 행동하도록 유도하는 기술'로 정의했다. 요약한다면 권력은 시키는 대로 하라는 명령이지만, 권위는 자신의 요청에 사람들이 반응하도록 만드는 기술이라 하겠다. 컴퓨터와 인터넷의 접목은 앞으로 어떤 커뮤니케이션 시대를 맞이할지 예측하기 어려운 초고속의 변화 시대를 열어가고 있다. 과거의 권력이 매스 미디어를 통해 알리고 싶은 정보와 메시지를 일방적으로 전파하여 대중과 소통했다면, 오늘의 권력은 다양한 미디어를 통해 여러 방향으로 소통한다.

그리고 일방적인 소통의 시대에 살던 대중은 단지 그 메시지를 수용하는 수밖에 없었다. 따라서 이런 시대의 흐름에 따라 과거에 흔히 볼 수 있었던 군대의 상사처럼 명령만 전달하는 수직적인 체계를 고집하는 리더는 뒤떨어진 경영자로 파악되고 있는 형국이다. 그 대신 현대 사회에서는 서로 동등한 관계를 중요하게 생각하는 수평적인 관계의 리더를 원하고 있다. 예전부터 지식 노동자의 대두를 중시해 온 피터 드러커 박사는 "지식 노동자에게는 상하가 없다. 모두가 평등하다"고 언급하면서 이렇게 말한 이유를 고급한 지식, 저급한 지식이라는 것이 없기 때문이라고 했다. 따라서 지식 노동을 중심으로 하는 조직은 권위나 권력 지향, 계급 질서에 바탕을 둔 조직이 아니라 과제 해결이나 목적에 따라 규정되는 업적지향 조직이어야 한다고 결론을 짓고 있다.

한국 조직 내 커뮤니케이션의 형태를 살펴보면, 한국인은 직접적인 커뮤니케이션을 스트레스 그 자체로 인식하는 경우가 많다. 이렇게 된 이유가 유교문화 풍토가 기반이 되었을 수도 있고, 전통적인 명령과 지시에 의한 상하 수직의 일방적인 커뮤니케이션 문화에서 오는 강압적인 분위기 때문일 수도 있다.

어쨌든 결과적으로 이러한 현상들에서 공통적으로 추출할 수 있는 것은 조직의 문화가 지나치게 권위적이라는 것이다. 이것은 교회도 예외가 아니다. 교회가 가진 문화를 새로운 시대적 요구에 맞게 변화시키는 것은 쉬운 일이 아니다. 권위적인 조직 문화는 과거 노동력에 의한 생산성 제고가 가장 큰 당면과제였던 시절에는 절대적인 도구였었다. 그러나 오늘날과 같이 조직 구성원들의 창의적인 활동과 자발적인 참여와 열정이 조직이 추구해야 할 과제라면 과거 전통적인 조직 문화는 더 이상 고수해야 될 대상이 아니다. 조직이 느끼는 권위적인 조직 문화와 이로 인한 권위적인 커뮤니케이션의 비효율성은 심각하다. 솔직한 커뮤니케이션이 어려워짐에 따라 진실한 의미의 혁신활동도 자발적으로 이루어지지 않고, 경직된 문화 때문에 보고가 제대로 이루어지지 않아 조직의 위기상황 또한 예견하기 어려워 갑자기 닥쳐오게 됨으로써, 소 잃고 외양간 고치는 경우가 많다. 그러므로 패러다임의 변화에 중요한 원칙 중 하나는 패러다임이 바뀌면 과거의 성공이 오늘의 성공으로 이어질 수 없다는 사실이다.

이처럼 지금의 변화되는 패러다임에 민감하지 않는다면 지금까지의 리더십은 정말 쓸모없는 리더십으로 왕따를 당하게 될 것이다. 워런 베니스(Warren Bennis)도 "리더는 뱀과 같아야 된다"고 강조한다. 뱀이 허물을 벗는 것처럼 리더도 허물을 벗고 지속적인 성장과 변화를 꾀해야 한다는 것이다. 지나간 패러다임에 집착한다면 세상은 변화하고 있음에도 자신은 고착된 인생을 살 수밖에 없는 것이다. 신세대 리더들이나 베이비 붐 세대, 또는 X세대가 과거와는 뭔가 다르게, 더욱 발전적으로 행동하리라 기대하지만, 실제로는 전임자들의 전철을 벗어나지 못하고 여전히 낡은 패러다임에서 벗어나지 못하고 있다. 낡은 패러다임인 하향식 피라미드 관리는 오래 전 전쟁이 빈번하던 군주제 시절에서 비롯된 개념이었다. 테레사 역시 과거의 한 지점 및 시점에서는 완벽했던 모델이 오늘날에는 적절치 않다고 지적하면서 하향식 패러다임을 뒤집으라고 주장했다. 산업혁명기 이래로 리더들은 근로자들을 기계 속의 톱니바퀴처럼 생각했다. 그러나 최근 들어 이러한 전통적이고 위계적인 리더십 양식이 새로운 리더십 모델에 밀려나는 형국이다.

새로운 리더십은 팀워크와 공동체에 기초한 리더십이며, 의사결정에 다른 사람의 의견을 반영시키는 리더십이며, 배려하는 행위에 기초한 리더십이다. 조직에서 많은 시간과 노력을 할애하여 원활한 의사소통을 위해 노력하지만 여전히 소통에 문제가 있다는 반응이 나오는 것은 권위주의적인 리더십이 뿌리 깊기 때문이다. 결국 한국의 조직 구조가 수평적으로 변화하고 있지만 그것을 작동시키는 문화는 여전히 수직적이며 권위주의라는 것이 문제의 핵심이다. 권위주의는 인간을 존중하지 않는 태도로 나타난다. 아랫사람을 무의식적으로 하대하거나 무시해도 된다는 인식을 갖게 만들고, 당연히 그런 상대방의 얘기는 귀담아듣지 않아도 된다는 그릇된 사고방식을 부지불식간에 보이게 되는 것이다.

## 08 예수 그리스도 리더십

    필자가 개인적으로 닮고 싶은 사람이 있다. 『칭찬은 고래도 춤추게 한다』의 저자 캔 블랜챠드이다. 이유는 그가 예수 그리스도의 리더십을 성경 속에서 발췌하여 기업과 학교 및 비영리기관과 교회에 적용함으로써 조직에 괄목할만한 변화와 성장을 가져왔기 때문이다. 특히 그는 예수 그리스도의 섬김의 리더십을 강조하고 있다. 그는 오늘날 예수 그리스도를 믿는다고 하는 사람은 많지만 예수 그리스도처럼 사는 크리스천은 너무 적다고 말하며, 그래서 세상이 변하지 않는 것이라고 주장한다. 만약 크리스천 한 사람이 변하여 예수 그리스도의 정신대로 살기 시작하면, 그가 가는 공동체가 가정이든, 교회이든, 학교이든, 직장이든 변화를 가져올 수 있다는 것이다. 필자는 이런 그의 주장에 전적으로 공감한다. 왜냐하면 학생들을 가르치는 과정에서 예수 그리스도의 섬김의 리더십을 발휘한 결과 학생들에게서 많은 변화를 보았기 때문이다.

    캔 블랜챠드의 *Lead like Jesus*라는 책이 우리 영적 리더들에게 매우 유익할 것 같아 함께 공유해보고자 한다. 이 책은 총 7장으로 되어있다.

    1장/ 당신은 누구를 따르겠습니까? 어떻게 인도할 것입니까?
    리더십은 영향력의 과정이다. 사람들의 개인적인 또한 직업적인 삶의 생각과 행동, 혹은 성장에 영향을 끼치기를 원한다면 당신은 리더의 역할을 맡고 있는 것이다.

마태복음 20:25-28, "예수께서 제자들을 불러다가 이르시되 이방인의 집권자들이 그들을 임의로 주권하고 그 고관들이 그들에게 권세를 부리는 줄을 너희가 알거니와 너희 중에는 그렇지 않아야 하나니 너희 중에 누구든지 크고자 하는 자는 너희를 섬기는 자가 되고 너희 중에 누구든지 으뜸이 되고자 하는 자는 너희의 종이 되어야 하리라 인자가 온 것은 섬김을 받으려 함이 아니라 도리어 섬기려 하고 자기 목숨을 많은 사람의 대속물로 주려 함이니라"

예수 그리스도처럼 인도하는 것은 "나는 예수 그리스도처럼 인도할 거야!"라고 발표하는 것이 아니라 남다르게 인도할 것이라는 헌신인 것이다. 그것은 변혁의 사이클이고 그 사이클은 개인적인 리더십으로 시작하고, 그 다음으로 일대일 관계로 남들을 인도하고, 그 다음으로 팀이나 그룹을 인도하고, 마지막으로는 공동체나 조직을 인도하는 것이다. 예수 그리스도처럼 인도하는 것은 4가지의 속성(domain)을 포함한다. 마음(heart), 머리(head), 손(hands), 그리고 습관(habit)이다.

내부 속성: 우리 마음의 동기와 우리 머리의 리더십에 대한 관점은 때에 따라 우리 속에 간직될 수 있고, 만약 그것이 당신의 목적에 부합하다면 변장할 수도 있다.

외부 속성: 당신의 리더십 열정이나 비전 그리고 행동이나 습관들을 보고 다른 사람들이 당신의 리더십을 따를 것인지 아닌지를 결정한다.

2장/ 종 같은 리더의 마음

예수 그리스도처럼 인도하는 것을 가장 영구적으로 막는 장벽은 이기심이 가득 찬 마음이다. 리더로서 예수께서 우리에게 주신 명령인 "섬김을 받지 말고 오히려 남들을 섬겨라"를 따르고자 하면 많은 어려움을 겪을 것임을 명심해야 한다. 세상이 매일 우리에게 던지는 유혹에 빠지지 않으려면 하나님을 나의 예배의 대상으로 섬기고, 하나님만이 나의 보안과 가치의 출처라고 고백하며 살고, 그분만이 나의 최고의 권위와 재판장이라는 사실을 알아야 한다. 우리의 자아를 하나님께 드리고, 우리의 자존심과 자아를 높이며 살지 말고 하나님의 이름만 높이며 살아가야 한다. 우리는 영원한 관점으로 모든 것을 봐야 한다. 우리가 사람들, 상황들, 우선순위를 볼 때는 하나님의 관점으로 봐야 한다. 또한 성령님을 우리가 만드는 관계 속으로 모시며, 그가 우리의 생각과 행동에 용서와 은혜를 불어넣으실 수 있도록 해야 한다.

3장/ 종 같은 리더의 머리

리더십은 어디를 향해 가는 것이다. 효과적인 리더십은 생생한 비전으로 시작된다. 당신의 추종자들이 당신이 그들을 어디로 데리고 가는지, 왜 그런지 청사진을 갖게 되면 리더십을 리더십의 두 번째 역할인 실행에 중점을 두는 것으로 전환해야 한다. 리더로서 행할 수 있는 가장 좋은 것은 그의 추종자들을 위한 변함없는 목적이다. 어려운 일들이 닥칠 때마다 추종자들은 리더가 어떻게 반응하는지를 먼저 볼 것이다.

4장/ 종 같은 리더의 손

효과적인 종 같은 리더의 키 활동은 '수행코치'(performance coach)이다. 예수께서 열두 제자들을 부르셨을 때 예수 그리스도는 그들에게 그의 지도와 지원을 약속하셨다. 이것이 바로 섬기는 리더의 의무이다. 수행코치가 되려면 세 가지 부분이 있어야 한다. 수행 계획(performance planning), 날마다 코칭(day-to-day coaching), 수행 평가(performance evaluation)이다. 이 세 가지 중에서 하나라도 없으면 모두가 힘들어진다. 어떤 역할이나 기술면에서, 초보자에서 마스터로 발전하기 위해서는 꼭 그 학생을 인도할 수 있는 사람이 필요하다. 종 같은 리더의 진정한 시험은 리더의 자아와 추종자의 자아가 서로 엉킬 때부터 시작된다. 그들의 관계 속에 있는 교만과 두려움을 얼마나 잘 인식하고 극복하느냐에 따라 그들이 서로 만족하느냐 좌절하느냐를 결정한다.

5장/ 종 같은 리더의 습관

예수께서 세상에 오셔서 사역하셨을 때 유혹이 많이 있었다. 하지만 그 유혹에 넘어가지 않으셨다. 왜냐하면 예수께서는 다섯 가지 습관이 있었기 때문이다. 그 중에서 바쁜 우리에게 개발하기 가장 어려운 것은 고독이다. 고독이 우리에게 개발하기 어려운 습관이라면, 기도는 우리가 지금까지 해왔던 다른 습관들을 다시 살펴보고 버릴 것은 버리게 하는 습관이다. 당신의 기도 생활이 당신이 어떻게 어디로 인도할 것인지 결정한다. 성경은 쓸모 있고, 신뢰할 수 있고, 가치가 있다. 우리 것으로 만들 수 있는 또 다른 것이다.

성경은 하나님께서 우리에게 보내신 사랑 편지이다. 하나님의 사랑에 대한 의심을 다 버리고 우리가 하나님의 사랑을 받을 자격이 없고, 그것에 더하거나 뺄 수 없고, 우리의 힘과 노력으로 얻을 수 없다는 것을 인정해야 하지만 자신감과 겸손과 진정한 자유로 인도하고 살아갈 수 있을 것이다. 예수 그리스도의 다섯 가지 습관은 고독, 기도, 성경을 가까이 하기(듣기, 읽기, 공부, 암송, 묵상), 의심을 내쫓고 하나님의 사랑 안에 거하기, 마음을 나눌 수 있는 친구 두기이다.

6장/ 왜 예수 그리스도처럼 인도해야 하는가?

　예수 그리스도를 믿는 사람들에게 섬김의 리더십은 많은 선택권 중의 하나가 아니라 명령이다. 예수 그리스도처럼 인도하는 것은 하나님을 사랑하고 사람들을 사랑하고 섬기는 인생의 목적인 것이다. 실용적으로 생각하면 효과 있는 리더십은 두 가지의 목표가 있다. 그것은 결과와 관계이다. 이 두 가지의 목표를 만족시키는 리더십은 섬김의 리더십 하나뿐이다. 예수 그리스도처럼 인도하는 것은 그냥 코스가 아니라 라이프스타일인 것이다. 그것은 우리가 선택하는 것이고 예수 그리스도를 따라가는 것이다. 다른 사람들을 위해 우리의 인생을 베푸는 섬기는 리더의 길이다.

7장/ 예수 그리스도처럼 인도하는 다음 단계

　예수 그리스도처럼 인도하는 것은 마지막 목적지로 가는 것보다 매일 가는 여행과 도전이다. 오직 성령님으로 인한 하나님과의 관계, 다른 사람들과의 관계로 할 수 있다. 예수 그리스도처럼 인도하는 길은 언제나 많은 실패가 있을 것이다. 그러므로 자주 우리가 다니는 코스를 체크하고 바로 잡아야 할 것이다. 우리가 리더로 섬길 그 길에서 우리에게 가장 도움이 될 것은 책이나 상담이 아니라 오직 성령님 밖에 없다. 오직 성령님만이 우리의 영원한 상담원과 안내원이시다. "보혜사 곧 아버지께서 내 이름으로 보내실 성령 그가 너희에게 모든 것을 가르치고 내가 너희에게 말한 모든 것을 생각나게 하리라"(요 14:26).

아멘!

이 책 『답(答), 예수의 리더십』 역시 신약성서에 나타나 있는 예수 그리스도의 섬김의 리더십을 모델로 하고 있다. 필자의 관심은 어떻게 섬김의 리더십을 기반으로 한 예수 그리스도의 리더십이 많은 사람들을 따르게 했고 변화하게 만들었는지에 대한 부분이다. 그러므로 여기에 소개된 예수 그리스도의 리더십이 영적 리더들에게 조금이나마 도움이 되었으면 한다.

Part 2

리더의 자질

# 01 성숙

 탈봇신학교 정문에 이런 글귀가 씌어 있다고 한다. "목사가 되기 전에 신자가 되고, 신자가 되기 전에 사람이 되라." 되지 못한 자들이 리더가 되어서는 안 된다는 의미일 것이다. 에릭 프롬은 『소유냐 존재냐』라는 책에서 소유양식에서 존재양식으로의 전환을 촉구하고 있다. 가짐을 통해서 자신을 어필하기보다 됨을 통해서 자신을 어필하라는 것이다. 베드로후서 3장 8-11절에서도 너희가 어떠한 사람이 되어야 마땅하냐는 말씀을 통해 '소유'가 아닌 '됨'에 대한 세계로 우리를 초대하고 있다. 리더의 자질 역시 리더의 유능성보다는 리더의 도덕성이 중요함을 시사하는 것이다. 어떤 사람이 혈액형을 먹는 음식에 비유했다. 오이지, 단무지, 소세지, 지지지로 분류를 했다. 모두 끝에 '지'가 들어가는 이유는 사람마다 약간은 지랄적 성격이 있기 때문이라고 한다. 즉, 모든 사람에게는 있어서는 안 될 좋지 않은 성품이 있다는 것이다. 리더에게 있어서 이런 성품은 예수 그리스도 안에서 함께 다듬어져 가야 한다. "너희도 하나님의 성령 안에서 하나님이 거하실 처소가 되기 위하여 그리스도 예수 안에서 함께 지어져 가느니라"(엡 2:22).

리더십개발 영역에는 영성훈련, 기술훈련, 전략훈련이 있는데, 이 중에서 영성으로 인한 성품개발이 가장 중요하다. 리더들은 지혜와 지식을 습득함으로써 그 기질을 다듬어 가기도 한다. 물론 그러한 기질적 변화는 대가 없이 오지 않는다. 우리가 운동한다고 해서 하룻밤 사이에 근육질이 될 수는 없다. 그러기 위해서는 시간과 노력을 필요로 하는 것처럼 성품의 변화 역시 벼락치기로는 어렵다. 궁극적으로는 오직 예수 그리스도만이 우리의 마음을 성형할 수 있다. "너희 마음의 눈을 밝히사 그의 부르심의 소망이 무엇이며 성도 안에서 그 기업의 영광의 풍성함이 무엇이며"(엡 1:18). 예수 그리스도께서 지혜로 우리의 마음을 채우고 또 채워주시면, 우리의 성품은 성숙될 것이며, 그럼에도 불구하고 복음의 놀라운 부름은 우리와 같은 타락한 인간들이 우리의 삶에서 하나님 아버지의 성품을 나타낼 수 있다는 것이다. "그러므로 너희가 더욱 힘써 너희 믿음에 덕을, 덕에 지식을, 지식에 절제를, 절제에 인내를, 인내에 경건을, 경건에 형제 우애를, 형제 우애에 사랑을 더하라"(벧후 1:5-7). 위와 같은 자질들은 존경스럽고 훌륭하다.

 그러나 우리가 이러한 자질을 열망할 수는 있으나 정말로 습득하기란 쉽지 않다. 성경은 순전한 우리 인간의 경험으로부터는 얻을 수 없다고 강조한다. 단순히 잠깐 하다가 마는 인간의 노력과 관련 있는 것이라면, 그러한 시도는 헛된 것이 될 것이다. 그렇다면 우리는 무엇을 해야 하는가? "그의 신기한 능력으로 생명과 경건에 속한 모든 것을 우리에게 주셨으니 이는 자기의 영광과 덕으로써 우리를 부르신 이를 앎으로 말미암음이라"(벧후 1:3). 예수 그리스도와 같은 성품형성은 오직 성령의 능력밖에 없다. 그러므로 예수 그리스도를 체험하지 않고서는 하나님께서 우리를 부르신 모습으로 살 수가 없을 것이다. 예를 들어 성숙되지 못하고 충동적이었던 베드로는 성령 받고 난 후 교회의 위대한 지도자로 성장했다. 사복음서의 베드로는 사도행전과 베드로전후서의 서신서를 쓴 베드로가 되었다. 이렇게 된 데는 시간과 노력이 필요했다. 하나님은 지나칠 정도로 충동적이고 열정적이며 실수투성이인 베드로를 사랑의 사도로, 인내의 사도로 변화시키셨다.

그리고 베드로의 삶을 변화시키시고 역사하셨던 동일한 성령님께서 하나님의 아들이신 예수 그리스도에게 믿음을 둔 우리 모두에게 지금도 동일하게 역사하고 계신다. 마르틴 루터가 말했다. "우리가 흉내 내고 모방하여 하나님의 자녀임을 나타내는 것이 아니라, 하나님 자녀라는 우리의 신분이 우리로 하여금 흉내 내고 모방할 수 있도록 가능하게 해 준다." 즉 이것은 우리가 하나님 안에서 새로운 성격을 가지게 되었을 뿐만 아니라(롬 6:6-13), 우리 안에 성령님이 계셔서 우리가 이러한 성품을 나타내도록 역사하심을 의미한다.

## 02 이타성

이기주의는 타인의 욕구와 상충될지라도 자신의 욕구를 충족하는 것이며, 반면에 이타주의는 비록 자신의 욕구와 기대가 희생되더라도 타인의 욕구를 우선하는 행위이다. 『인간의 종교』에서 스미스는 "모든 종교가 하나같이 주장하는 것은 유사 이래 인류의 가장 큰 문제가 바로 자기중심적인 본성, 자만심 그리고 이기주의라는 것이다"라고 했다. 씨 에스 루이스(C. S. Lewis)는 자신이 이기적이라는 사실을 인정하지 않는 사람은 대단히 이기적인 사람일 수밖에 없다고 했다. 이기적인 리더들은 항상 통제하고, 결정하고, 명령하는 사람들이다. 그들은 지도하는 데 '내몰린' 자들이다. 이들은 무슨 일이든지 자기 손으로 다하기를 원한다. 그들은 또 리더의 위치는 소유하는 것이라고 생각한다. 그들은 피드백을 좋아하지 않는데, 자신의 위치를 위협한다고 생각하기 때문이다. 사실 그 위치라는 것은 그들 모두가 놓치지 않으려는 중요한 것이다.

반면에 이타적인 리더들은 리더십이 자신이 섬기는 최상의 방법이 될 때에만 리더십을 인정한다. 그들은 지도력을 발휘하기 위해 내몰렸다기보다는 '부름 받은' 자들이다. 그들은 리더의 자리를 독점하지 않고, 소유권으로 보지 않고 청지기 직분으로 생각한다. 만약 누군가가 더 좋은 리더로 여겨지면, 그들은 기꺼이 그 사람과 협력하거나 리더십을 그에게 넘겨주고, 자신이 더 잘 섬길 수 있는 다른 역할을 찾는다. 그리고 그들은 피드백을 좋아한다. 피드백을 통해 더 잘 섬길 수 있다고 생각하기 때문이다. 물론 이타적인 섬김의 리더라고 불리는 자들도 사람들을 소모품으로 사용하고자 하는 기본적인 유혹에 직면한다. 리더십에서의 목표가 단순히 자신의 이기적인 욕구를 이루기 위해서나, 중요하거나 가치 있다고 생각하는 과업을 수행하기 위해서만 있어서는 안 된다. 이타적인 리더는 마치 예수 그리스도처럼 사랑 안에서 진리를 말하는 위험도 감수할 수 있도록 사람들을 깊이 사랑해야 한다. 이기적인 리더십은 파괴적이어서 사람들을 마치 소모품처럼 이용하고 학대한다. 리더가 사람들을 이용할 때마다, 그들의 삶에서 뭔가를 박탈하는 것이다. 세우는 것이 아니라 파괴하고 주기보다는 그들에게서 빼앗는 것이다.

이와 다르게 이타적인 리더는 다른 사람들을 파괴하기보다 세우며, 빼앗기보다 자신을 줄줄 아는 자이다. 또한 이용가치가 있거나 자신의 욕구를 이루기 위해서 사람들을 대하지 않는다. 리더십 스킬은 종종 다른 사람을 섬기기보다 개인적인 획득이나 직업의 승진을 위해 사용된다. 그러나 기독교의 하나님은 그분의 아들이신 예수 그리스도를 통하여 리더십은 다른 사람 중심으로 사용되도록 보여주셨다. 이 당시 고대의 종교들이 신들에게 제물을 바치는 것은 공통적이었다. 그러기 때문에 신이 인간을 위해 제물이 되는 개념은 거의 상상 밖의 일이다. 예수 그리스도를 통하여 우리에게 분명한 모델이 된 다른 사람을 중심에 두는 리더십은 지금 우리의 최고의 사명이고 부름이다. 이기적인 리더는 자신이 속한 공동체를 이용한다.

그들은 공동체의 구성원들이 자신의 개인적 이득을 위해 존재한다고 생각한다. 그는 자신의 직위가 가지고 있는 권위에 의존한다. 그는 사람들에게 두려움을 일으킴으로써 자신의 뜻을 이루어 간다. 그러나 예수 그리스도의 생각은 정반대였다.

어떤 의미에서 인간은 자기중심적으로 살 수밖에 없는 존재들이다. 갓난아기야말로 지극히 자기중심적인 존재이다. 아이를 키워본 부모는 아이들이 얼마나 자기중심적인지를 잘 알고 있다. 따라서 아이들은 성장의 과정에서 다른 사람들과 함께 사는 법을 배워야 할 것이다. 어린 시절부터 가정교육을 잘 받은 성인은 다른 사람들에게 뭔가를 얻어내기보다는 오히려 베푸는 것에서 보람을 찾고 기쁨을 얻으려 한다. 사도 바울은 자신의 이익이 아닌 다른 사람들의 이익을 구하도록 초청하고 있다. "나와 같이 모든 일에 모든 사람을 기쁘게 하여 자신의 유익을 구하지 아니하고 많은 사람의 유익을 구하여 그들로 구원을 받게 하라"(고전 10:33).

리더들 중 자신이 자기중심적이라는 사실을 인정하는 사람은 극히 드물다. 그러나 안타까운 것은 주변에서 자기중심적인 리더를 많이 보았고 지금도 보고 있다는 사실이다. 자기중심적인 리더들이 속해 있는 조직에서 모든 금전, 포상, 권한, 지위는 위계질서에 따라 그들이 차지하는 경향이 짙다. 그렇다면 사람들은 왜 자기중심적인 생각을 갖게 되는 것일까?

고든 맥도널드는 자신의 저서 『내면세계의 질서와 영적 성장』에서 인간 유형을 두 가지로 구분하고 있는데, 이 질문에 대한 답변으로 참고할 만하다. 이 책에 따르면, 세상에는 '쫓겨 다니는 사람'과 '청지기인 사람'이 있다. 쫓겨 다니는 사람은 모든 것을 자신의 소유라고 생각한다. 주변 사람들과의 관계, 재물, 지위를 모두 자신의 것이라고 여긴다. 따라서 쫓겨 다니는 사람은 자신이 소유한 것을 지키는데 시간을 사용하게 된다. 뿐만 아니라 가정에서는 어느 누구도 자신의 권위에 도전해서는 안 된다고 생각하기 때문에 "시키는 대로 해!"라고 말하는 경향이 있다. 쫓겨 다니는 사람은 소유물이 자신의 존재를 나타내는 중요한 수단이기에 가능한 많이 소유하고자 하지만 결국은 자신의 소유물에 오히려 소유 당하게 된다. 한편 청지기인 사람은 자신이 가진 것을 모두 빌렸다고 여긴다. 따라서 자신의 재물과 지위도 빌린 것으로 여기고, 그 재물과 지위를 지키기 위해 집착하지 않고 다른 사람들과 나누려고 한다. 하나님과 자신이 영향을 미치려고 하는 사람들에게서 빌린 것이라고 여긴다.

자기중심적인 리더는 시선 집중에 관심이 많고 그들 자신과 자신의 의제에만 초점을 맞추고 의제를 함께 공유하지 않아 권력형 리더라고 불리기도 한다. 반면에 이타적인 리더는 시선 집중을 다른 사람들과 공유하며 의제도 함께 공유하기를 즐겨한다. 또한 자기중심적인 권력형 리더는 다른 사람들을 지배하고 조종하고 권력을 행사하는 데 매달려 산다. 그러나 이타적인 리더는 섬김을 최우선의 것으로 삼고 헌신적으로 실천하며 사람들을 존중하고 그들의 창의성이 드러나도록 한다.

자기중심적인 리더는 자신의 자존감과 마음의 안정을 대변해 주는 자신의 대외적 이미지, 명성, 지위, 재물, 사적인 업적을 보호하고, 그 가치를 키우는 데 대부분의 시간을 소비한다. 자신이 소중하게 여기는 것을 잃을지도 모른다는 생각이 들면 두려움으로 가득 차서 곧 방어적인 태도를 취하게 된다. 이타적인 리더는 자신을 종이라 여기며 리더라 해서 남보다 나을 것이 없다는 태도를 갖는다. 그런데 보상과 지위, 감투와 사무실 크기와 위치, 사람들의 관심을 따르는 태도는 이 섬김의 리더십을 훼방하는 것이 당연하다. 어떻게 보면 섬기는 자세와 리더의 역할이란 안 맞는 사람끼리 결혼해서 사는 것처럼 어울리기가 쉽지 않다. 한편으로 자기중심적인 리더는 자기중심적인 마음 때문에 하나님을 밀어낸다. 그들은 자신이 경험한 일이나 성공한 일에 대해서 '내가, 나는, 나의, 나를'이란 표현을 자주 사용하는 경향이 있다. 이들은 주변 사람들의 비판에 지나치게 민감하고, 항상 다른 사람의 관심에서 밀려날까 노심초사하는 습관이 있다.

　반면에 이타적인 리더들은 자신의 주변 상황에 침착하게 대응한다. 행동하기 전에 잠시 한걸음 물러서서 가치 있는 행동이 무엇인지 생각하는 버릇이 있음을 알 수 있다. 다른 사람의 이야기에 귀를 기울이고, 쉽게 결정을 내리지 않고, 칭찬받을 만한 일이 있으면 그 공을 함께한 사람들에게 돌리는 것을 볼 수 있다. 자기중심적인 리더는 교만과 두려움으로 하나님을 밀어냄으로써 발생하게 되는 고립, 비교, 진실에 대한 왜곡이라는 성향을 띠게 된다. 반대로 이타적인 리더는 예수 그리스도처럼 겸손한 자세로 리더십을 발휘하게 된다.

또한 이타적인 리더와 이기적인 리더의 또 다른 차이는 후배 양성 계획을 받아들이는 태도에서도 나타난다. 권력과 명예에 탐닉하여 지위를 잃게 될까 두려워하는 이기적인 리더는 자신을 대신할 사람을 훈련시키는 일에 소극적이며 시간이나 노력을 소비하고 싶어 하지 않는다. 자신의 뒤를 이을 사람들을 잘 준비시켰는가에 따라 이타적인 리더의 역할을 잘해 냈는지 알 수 있다.

## 03 겸손

겸손(humility)은 '비천한(humble)'에서 유래된 단어이다. 이것은 우리의 출발지가 비천한 자리였음을 말해준다(고전 1:26, 4:7). 존 러스킨은 "진정으로 훌륭한 사람의 첫 번째 시험은 바로 겸손이다"라고 말했다. 진정으로 훌륭한 사람은 위대함이 그들의 것이 아니라, 그들을 통한 것이라는 자세를 지니고 있다. 그러나 자수성가한 사람들은 자신이 해내고, 자신이 열심히 일하여 성공했다는 의식이 마음 깊숙이 자리를 잡고 있다. 자랑하는 자는 그들 자신에 대해 부풀리고 과장되고 잘못된 시선을 가지고 있다. 그들은 자신의 업적을 자신의 노력의 결과로 본다. 그리고 그들이 가진 것과 그들 된 것이 하나님의 손으로부터 온 것임을 인정하려 하지 않는다. 하나님께서 우리의 삶에서 우리 자신이 이룬 것보다 더 많은 부분을 이루게 하셨다고 깨닫는 것이 겸손해지는 것이다. 왜냐하면 우리는 재능과 시간, 기회를 하나님으로부터 받은 사람들이기 때문이다. 이것들은 우리의 소유가 아니다. 그것들은 하나님으로부터 받은 선물이다.

그러나 겸손은 참으로 규정하기 힘든 덕목이다. 문제는 우리가 겸손하다고 생각하는 순간 겸손이 없다는 것이 되어버린다. 왜냐하면 우리는 겸손을 이루면 스스로 자랑스러워하는 경향이 있기 때문이다. 그러나 겸손으로 가는 열쇠는 우리 자신으로부터 눈을 떼어 우리를 창조하시고 우리를 통해 일하시는 하나님께 두는 것이다(고전 8:6, 골 1:16-20). 예수 그리스도는 "나는 마음이 온유하고 겸손하니 나의 멍에를 메고 내게 배우라"(마 11:29)고 말씀하셨고, 십자가에 달려 돌아가시기 전 몸소 제자들의 발을 씻겨주심으로써 겸손의 도를 실천하셨다. "아무 일에든지 다툼이나 허영으로 하지 말고 오직 겸손한 마음으로 각각 자기보다 남을 낫게 여기고"(빌 2:3). 따라서 겸손은 예수 그리스도처럼 자신을 낮추는 것이라 하겠다. 사도 바울은 하나님의 은혜를 깊이 깨달아갈수록 더욱 더 겸손한 사람으로 변화되었음을 알 수 있다. "모든 성도 중에 지극히 작은 자보다 더 작은 나에게 이 은혜를 주신 것은 측량할 수 없는 그리스도의 풍성함을 이방인에게 전하게 하시고"(엡 3:8).

겸손은 결코 성경 구절을 반복하여 암송함으로써 얻게 되는 것이 아니라, 하나님의 손에 의하여 탄생되는 것이다. 겸손은 사도 바울같이 하나님의 은혜를 체험한 자들의 고백 뒤에 나오는 삶의 태도인 것이다. 헨리 나우웬은 리더십의 중요한 특성을 다음과 같이 피력하였다. "그리스도인 리더의 길은 지금까지 세상이 애써서 추구해 왔듯이, 위를 향하여 자꾸만 높아지는 것이 아니라 오히려 십자가에 이르는 한없이 낮아지는 길이다." 예수 그리스도는 제자들에게 잔치에 초대를 받으면 끝자리에 앉으라고 가르치셨다(눅 14:10). 그분은 종의 신분으로 수건을 허리에 두르고 몸소 겸손의 본을 보여주셨다. 이는 종의 일을 함으로써 첫째가 되는 것이 무엇인지를 몸소 보여주신 것이다. 짐 콜린스는 『좋은 기업을 넘어 위대한 기업으로』에서 겸손한 마음을 가진 리더는 주변 사람들에게서 성공의 참된 이유를 찾아 그들에게 박수갈채를 보내고, 실패의 책임은 자신에게 돌린다고 했다. 이렇게 행동하는 리더는 자존감이 없어서가 아니라 자신보다 주위 사람들의 중요성을 깨닫고 더 많이 존중하고 배려하기 때문이다.

이와 반대로 자존감이 강한 리더들은 물질적인 풍요를 통해 자존감을 얻으려고 끊임없이 순간적인 쾌락을 추구하게 된다. 그래서 이들은 다른 사람들을 자신의 목적 달성을 위한 수단으로 이용하면서 자신의 행동을 정당화하는 우를 범하게 된다. 에고 중독으로 야기되는 왜곡 현상의 또 다른 예는 상황 통제에 대한 자신의 능력과 욕구를 지나치게 과장한다는 것이다. 그러나 만약 하나님께서 그러한 인정을 너무 많이 해 주시면, 우리는 그것을 위해 살기 시작한다. 그것은 위험한 길이다. 요한복음 5장 44절에 "너희는 너희끼리 영광 받는 것을 좋아하면서도, 하나님께로부터 오는 영광을 얻는 일에는 힘을 쓰지 않으니, 너희가 어떻게 나를 믿을 수 있겠느냐?"라고 예수께서 물어보신다.

그들은 항상 인정받기를 원하고, 편안히 쉴 수도 없다. 그들은 끊임없이 그들 자신과 주변의 모든 이에게 고통을 주는 완벽함을 추구한다. 종종 그들의 자존감은 그들의 물질적 소유에 얽매여 있다. 그들에게는 항상 무언가 새로운 것, 더 좋은 것을 가지는 것, 다른 사람이 가진 것보다 더 큰 것을 가지는 것이 매우 중요하다. 왜냐하면 불안과 부러워하는 것은 항상 같이 가기 때문이다. 그들은 끊임없이 다른 사람들의 잘못을 찾는다. 그들의 자부심은 그들로 하여금 끝없이 가장 높은 곳을 찾게 만들고, 그들의 질투와 부러움은 계속하여 다른 사람들의 행운에 대하여 분개하고 억울해 하게 만든다. 불안정한 사람들은 뚜렷하게 알아 볼 수 있는 모습, 실제, 본질보다 이미지에 집중을 한다. 보이는 것처럼 그러한 사람들은 종종 자부심이 강하고, 자기 방어적이다. 그들은 비판이나 꾸짖음을 다스리지 못하고, 그들은 지도나 훈계, 올바르게 바로잡아 주는 것을 받아들이지도 못한다. 그들은 가르쳐 주기 힘들다. 왜냐하면 그들은 항상 자신의 이미지, 자부심, 자신의 위치, 신분을 방어하고 지켜야 하기 때문이다. 물질적 성공의 가장 큰 위험 중의 하나는 우리가 스스로 야기한 오만이다. 때로는 하나님께서 잘난 체 하는 우리를 가난하게 하시는 것은 너무나도 가혹한 자비이기도 하다. 하나님께서는 우리가 그 메시지를 받기까지 잠시 동안 우리의 장난감을 멀리 떼어놓으실 필요가 있을 것이다.

    우리는 모두 손을 갖고 태어난다. 아기들은 아주 작은 주먹을 쥐고 세상에 태어난다. 점점 자라면서 우리는 물건들을 꽉 잡는 것을 배우게 된다, 다른 사람들을 잡고, 핸들 바, 점심 도시락, 야구 방망이, 공, 여자친구, 남자친구, 기계장치들, 트로피, 메달, 등수나 순위, 돈 그리고 회원권, 비즈니스 세계에서는 기업의 사다리에서 가장 낮은 단계로 시작하여 다음 단계를 붙잡을 때까지 우리는 삶에 매달린다. 우리는 직급이나 위신, 명성, 무엇이든 끈질기게 붙잡고 늘어진다. 아마도 언젠가는 우리 자신이 막대기에 매달리거나, 침대 병원의 모서리에 있는 모습을 발견할 것이다. 우리는 죽을 때까지 삶 자체에 꼭 붙어 있다. 그러나 언젠가 우리의 초점이 우리 자신이나 이 땅의 왕국이 더 이상 아니게 되면, 우리는 결국 꼭 붙들었던 것들을 놓게 될 것이다. 성경은 반복적으로 강조한다 "하나님은 잘난 체하고 자랑하는 자를 대적하시며 겸손한 자에게 은혜를 주신다"(약 4:6, 벧전 5:5, 시 138:6, 잠 3:34, 마 23:12). 그러므로 리더는 다른 사람과 관계를 맺고 리더십을 발휘하는 과정에서 예수 그리스도처럼 자비와 겸손을 잃어버리지 않도록 항상 노력해야 할 것이다.

겸손은 자신의 힘으로 무언가를 성취하려는 과정에서 스스로의 한계를 잘 아는 것이다. 겸손한 사람은 성과를 올렸거나 난관을 극복했을 때 자신보다 함께한 사람들에게 그 공을 돌리는 것을 보게 된다. 성경은 모세를 겸손한 사람으로 표현하고 있다. 모세에게서 겸손한 사람의 네 가지 특징을 발견할 수 있다. 첫째로, 그는 잘 배우는 정신을 가졌다. 겸손한 사람은 자신이 고쳐져야 하고 끊임없이 만들어져 가는 존재임을 안다. 둘째로, 그는 현명한 충고나 조언을 구하려 한다. 겸손한 사람은 중요한 결정을 하기에 앞서 너무 잘난 체하여 다른 사람들의 지혜를 구하지 않는 실수를 하지 않는다. 성경은 말한다. "의논이 없으면 계획이 실패하고, 조언자들이 많으면 성공한다"(잠 15:22). 세 번째로, 그는 권위에 기꺼이 복종하려 했다. 궁극적으로 우리 모두는 하나님의 권위 앞에 복종해야 한다. 그러나 우리는 하나님께서 우리 위에 두신 사람들에게도 복종을 해야 한다. 넷째로, 그는 자부심이나 권리를 가지려는 마음이 없었다. 이스라엘의 자부심은 그들을 하나님의 명령으로부터 불순종 하도록 했다, 그래서 하나님은 그들의 겸손과 불순종을 발전시키는 데에 40년을 투자하셨다(신 8:10-14, 17-18). 모세는 사람들에게 그들이 땅을 차지하고 번성한 후에, 그들이 가진 모든 것은 하나님의 선물이라는 것을 기억하라고 강조했다.

겸손이 없는 권위는 지배와 통제로 탈바꿈한다. 예수께서는 가장 위대한 겸손을 입으신 분이셨기 때문에 가장 위대한 권위를 행사할 수 있었다. 이것이 바로 진정한 리더십이며, 그것은 군림하는 리더십과는 정반대인 것이다. 리더십은 권력이나 강한 개성에 의해 나오는 것이 아니라 참된 겸손에서 나온다. 겸손해질수록 리더십이 그만큼 신장된다. 겸손한 사람은 리더십의 지위를 남용하지 않는다. 그러기에 그들의 리더십이 옳을 수밖에 없다. 이같이 리더가 사람들을 존중과 겸손으로 대할 때 많은 사람들이 리더를 통해 그리스도를 만나게 되는 것이다.

이병철 삼성그룹 선대회장이 환갑의 나이에 세계적 골프선수인 톰 왓슨과 골프 라운딩을 했다. 왓슨은 1970년대 후반 미국에서 가장 인기가 높은 골프선수였다. 지금의 타이거 우즈와 같은 명성을 누렸기 때문에 골프 라운딩을 잡기가 쉽지 않았다. 그래도 갖은 노력을 해서 겨우 일정을 잡을 수 있었다. 이 회장은 왓슨과 9홀 플레이를 함께하면서 물었다. "골프 실력을 늘리려면 무엇을 고쳐야 합니까?" 왓슨은 아무런 대답도 하지 않았다. 이 회장이 다시 물었다. "어떻게 하면 골프를 잘 치게 됩니까?" 왓슨은 계속 묵묵부답이었고, 답답한 이 회장이 여러 차례 같은 질문을 했다. 그러자 왓슨은 라운딩이 끝난 뒤에야 겨우 한마디 했다. "서신으로 말씀드리겠습니다." 이 회장은 한국으로 돌아온 뒤 왓슨의 답변을 기다렸다. 그런데 무려 한 달이 지나도록 답이 없었다. 미국 지사를 통해 재촉한 끝에 받아낸 답은 딱 한 수였다. "머리를 들지 마십시오." 이 얼마나 정확한 답변인가! 머리를 들지 말아야 한다. 성공했을지라도 머리를 들지 말고, 현실이 없더라도 들지 말아야 한다는 것이다.

삼류가 일류가 되려면 더더구나 머리를 들지 말아야 한다. 머리를 들지 말고 끝까지 목표를 쳐다봐야 한다. 나도 골프를 배우고 있다. 머리를 들면 공은 사정없이 어디론가 튄다. 방향을 잡을 수 없고, 제대로 때릴 수도 없다. 완벽한 스윙은 머리를 들지 않는 것에서 출발한다. 목표와 그 시스템을 끝까지 쳐다보고 지켜야 겨우 삼류에서 벗어날 수 있고, 이류가 되는 것이다. 그리고 머리를 들지 말고 본질과 원칙, 시스템에 집착해야 일류가 될 수 있는 것이다.

그 세월이 얼마나 걸릴까? 10년이다. 김연아도 그랬다. 2010년 동계올림픽에서 가장 화려한, 가장 뛰어난, 가장 아름다운, 가장 큰 감동을 준, 가장 칭찬을 많이 받은, 그러면서도 안티가 없는 선수가 김연아였다. 그렇지만 그녀를 가장 돋보이게 하는 것은 머리를 들지 않는다는 점이다. 그것이 지상 최대의 아름다움이다. 그녀는 그 길에서 14년째다. 그 뒤에도 그녀는 머리를 들지 않았다. 그녀가 머리를 들지 않으니 세계 모든 언론사가 그녀의 머리를 들어 올렸다. "주 앞에서 낮추라 때가 되면 주께서 너희를 높이시리라"(약 4:10).

## 04 희생

중동 6일 전쟁에서 600:1로 열세였던 이스라엘군이 아랍 연합군과의 전투에서 이길 수 있었던 것은 장교와 사병의 희생이 달랐기 때문이라는 것이다. 종군기자가 전쟁이 끝난 후 양쪽 진영에 가보니 아랍 진영에는 사병의 희생이 많았고, 이스라엘 진영에는 장교의 희생이 많았다고 한다. 이처럼 자기희생이란 예수 그리스도처럼 포기하며 자신을 내어주는 것이다. 자기희생이 없는 리더십은 참된 리더십이라고 말하기 어렵다. 고난의 종으로 오신 예수 그리스도의 생애는 자기희생의 자취이며, 십자가 사건은 철저한 자기 부인과 자기희생의 본보기인 것이다. 자기희생이란 예수 그리스도처럼 매일 자신의 모든 것을 하나님과 사람들을 위하여 기꺼이 내어드리는 희생하는 삶의 양식이라 하겠다. "그가 우리를 위하여 목숨을 버리셨으니 우리가 이로써 사랑을 알고 우리도 형제들을 위하여 목숨을 버리는 것이 마땅하니라"(요일 3:16). 이와 같이 리더가 예수 그리스도처럼 사람들을 위하여 자신의 모든 것을 희생할 줄 아는 본을 보여주는 것이다. 그러나 공동체의 일원으로서 가장 하기 힘든 일은 희생이다.

만약 희생이나 헌신이 없다면 우리가 소속된 공동체는 어떠한 변화도 일어나지 않는 그대로의 모습일 것이다(요 12:24). 가장 좋은 관계도 최고의 비즈니스도 리더들의 3대 액체인 피, 땀, 눈물 위에 세워진다. 마찬가지로 하나님을 따르는 것은 희생, 노력, 헌신이 수반되는 것이다. 하나님께서는 우리에게 헌신의 사람이 되라고 부르신다. 먼저 하나님께 그리고 다른 사람들에게 말이다.

자선냄비 구세군의 창설자 윌리엄 부스가 어느 해엔가 구세군의 모든 신도들에게 그 해의 표어로 '다른 사람들'이란 단어를 제시했던 적이 있다. 이보다 더 참된 그리스도인의 이미지와 예수 그리스도를 닮아가는 모습을 잘 보여줄 수 있을까? 그러나 타인의 유익을 추구하기 위해 그곳에 있어줌으로써 주님을 섬기고 그들이 도움을 필요로 할 때 도와주려면, 먼저 하나님의 섭리란 분쇄기 속에서 작은 알갱이로 부서져야 한다. 참으로 맞는 말이다.

예수 그리스도의 생애에서 가장 중요한 목표 가운데 하나는 다른 사람들을 향한 사역이셨다. 홀로 하나님만이 우리의 완전한 헌신의 가치가 있는 대상이다. 그러나 우리가 가장 높은 헌신을 다른 어떤 것에 향한다면 우리는 우상을 숭배하는 것이다. 우리가 원하는 인생의 비밀은 단 한 가지인데, 그것은 주님의 기쁨이 되는 것이다. 예수 그리스도를 따르던 사람들은 많았지만 오직 소수만이 완전히 그리고 개인적으로 예수께 헌신하였음을 알 수 있다(요 6:60-69). 만약 헌신에 실패한다면 사역에 있어서 고통과 효율성의 부족이라는 결과를 가져올 것이다. 눈물로 씨를 뿌리는 자가 기쁨으로 수확의 단을 거둔다는 말씀은 어떤 영역에도 예외가 없다.

## 05 선한 목자

예수 그리스도는 그분의 백성을 양으로 표현하셨다.

"내가 진실로 진실로 너희에게 이르노니 문을 통하여 양의 우리에 들어가지 아니하고 다른 데로 넘어가는 자는 절도며 강도요 문으로 들어가는 이는 양의 목자라 문지기는 그를 위하여 문을 열고 양은 그의 음성을 듣나니 그가 자기 양의 이름을 각각 불러 인도하여 내느니라 자기 양을 다 내놓은 후에 앞서 가면 양들이 그의 음성을 아는 고로 따라 오되 타인의 음성은 알지 못하는 고로 타인을 따르지 아니하고 도리어 도망하느니라 예수께서 이 비유로 그들에게 말씀하셨으나 그들은 그가 하신 말씀이 무엇인지 알지 못하니라 그러므로 예수께서 다시 이르시되 내가 진실로 진실로 너희에게 말하노니 나는 양의 문이라 나보다 먼저 온 자는 다 절도요 강도니 양들이 듣지 아니 하였느니라 내가 문이니 누구든지 나로 말미암아 들어가면 구원을 받고 또는 들어가며 나오며 꼴을 얻으리라 도둑이 오는 것은 도둑질하고 죽이고 멸망시키려는 것뿐이요 내가 온 것은 양으로 생명을 얻게 하고 더 풍성히 얻게 하려는 것이라 나는 선한 목자라 선한 목자는 양들을 위하여 목숨을 버리거니와"(요 10:1-11).

참으로 특별한 모델이다. 이 말씀을 주의해서 보라. 첫째, 목자는 그의 양을 알고, 그들은 그의 음성을 안다. 양들이 목자의 음성을 알 수 있도록, 또한 목자가 양들을 그렇게 잘 알게 되기까지는 사랑, 시간 그리고 정신집중이 투자되어야 한다. 희생적이고 목자 같은 리더십은 저절로 생기는 것이 아니다. 그것은 훈련되어야 한다. 더군다나 양들과 그들의 가장 깊은 필요까지 더 많이 알기 위해 노력하면서 양들을 보호하기 위하여 생명까지 희생할 정도로 돌보는 목자가 필요하다. 둘째로, 어려움이 닥칠 때 거짓 목자는 그의 양들을 버리고 도망가지만, 참 목자는 항상 그의 양들을 위하여 목숨을 걸 것이다. 이 세상의 리더십 모델들은 자기중심적이고 착취적이며 추종자들을 이용해 먹고 때로는 학대한다. 세속적인 리더십은 권력, 통제 그리고 개인적인 승진에 관한 것이 전부이다. 그것은 가축을 모는 것이다. 때때로 이러한 세속적 리더십이 목표에 도달하는데 효과적이긴 하지만, 이는 불가피하게 전부 리더에 관한 것일 뿐 희생을 당하는 자들은 추종자들이다.

성경적인 리더십 모델은 확실히 달라야 한다. 그것은 그리스도 중심적인 것이지 자기중심적인 것이 아니다. 거짓 목자와 선한 목자 사이의 이 극적인 대조는 선한 목자는 양을 위해 희생하지만, 거짓 목자는 양들에게서 이득을 취하려 하고 따라서 양들이 희생을 치르게 된다. 만약 목자의 마음에 사랑이 없다면 양들을 알 수가 없을 것이다. 사랑이 없는 목자들은 양들을 교회등록 회원 수나 등록명부의 회원 혹은 고용인 그리고 자랑거리로서의 숫자상 통계로 생각한다. 지금의 사람들은 숫자를 강조하는 사회에 살고 있다. 그러나 통계학과 예수 그리스도의 리더십 스타일은 비교될 수 없다. 선한 목자는 양들을 위해 폭풍과 무자비한 적들과 질병과 위험한 장소로부터 일출에서 일몰까지 양들의 안전을 위해 끊임없이 헌신한다. 예수께서 자신이 선한 목자라 하심은 바로 자신이 다른 목자들과 다름을 말씀하시는 것이다. 당시의 많은 종교지도자들은 자신들이 이스라엘의 목자라고 주장하였으나 예수 그리스도는 그들을 위선자로 보셨고, 자기중심적이어서 양떼들을 인도하지도 보호하지도 못하는 자로 보셨던 것이다.

참된 목자는 관심이 자신이 아니라 양들이어야 하며, 양들을 위해 기꺼이 희생할 줄 알아야 함을 보여준다. 그러나 성경적인 리더십을 묘사하는 수많은 직함과 은유 중에 가장 적합한 것은 바로 선한 목자다. 목자로서 양에게 꼴을 먹이지 못하는 리더는 오래가지 못한다. 그의 양은 다른 초원을 찾아 헤매거나 굶주림으로 죽을 것이다. 그러므로 무엇보다 목자의 목표는 양을 기쁘게 하는 것이 아니라 그들을 먹이는 것이며 그들의 귀를 즐겁게 하는 것이 아니라 영혼을 살찌우는 것임을 잊지 말아야 한다.

미국에서 가장 존경받는 재계 지도자로서, 제너럴 테크놀로지스(GT)의 CEO로 근무하면서 전례 없는 성공을 거둔 인물인 맥브라이드는 사람을 양에 비유해 조직 관리에 대한 노하우를 제시하고 있다. "양들의 상태를 파악하라. 양들의 됨됨이를 파악하라. 양들과 일체감을 갖도록 하라. 목장을 안전한 곳으로 만들어라. 방향을 가리키는 지팡이, 잘못된 방향을 바로잡는 회초리, 양치기의 마음을 품어라." 이것을 가리켜 양치기 리더십이라 할 수 있을 것이다. 리더들이 새겨들어야 할 대목이다.

예수 그리스도가 그분의 사랑하는 자들, 즉 구속받은 자들을 가축으로 부르지 않고 양으로 호칭하신 것은 우연이 아니며, 그분의 리더십을 선한 목자라고 묘사하는 것을 기뻐하시는 것도 우연이 아니다. 그분의 백성들을 향해 이처럼 양들의 상태를 파악하고 목자의 마음을 가지고 리더십을 발휘했기 때문에 예수 그리스도의 리더십을 선한 목자의 리더십이라고 부르는 것도 무리는 아니라고 본다(요 10:1-11).

## 06 진실성

제임스 쿠즈너와 배리 포즈너는 전 세계의 수천 명을 대상으로 4백 건 이상의 사례 연구 후에 모든 조사에서, 리더에게 있어 가장 바람직한 자질이 정직성과 진실성임을 밝혀냈다. 만약에 사람들이 누군가를 따라야 한다면, 전쟁에서든 사업 또는 사역에서건 그들은 자신들의 리더가 신뢰할만하다는 확신을 갖고 싶어 한다. 진실과는 달리 위선은 정반대이다. 마태복음 23장에서만 예수께서는 여섯 번이나 "위선자들아"라는 가시 돋친 말로 율법학자들과 바리새인들을 책망하셨다. 원래 '위선'이라는 단어 'Hypocrite'는 청중을 위해 연극하는 동안에 정체를 감추려고 마스크를 쓰고 연기하는 배우를 뜻한다. 그런데 이러한 비난은 그리스 영향의 문화를 싫어하고 증오했던 바리새인들에게 특히 불쾌했을 것이다. 왜냐하면 본질적으로 예수께서 바리새인들을 그들이 증오했던 바로 그것으로 부르고 계셨기 때문이다. 여기에서 예수께서는 당시 종교지도자들인 바리새인들이 말하는 것과 행동하는 것이 다른 것에 대해 호되게 지적하신 것이다. 위선의 정반대인 진실성(Integrity)은 바로 사람들이 리더에게 가장 원하는 것이라 하겠다.

성경에 보면 이스라엘의 사무엘 선지자는 진실성이 배어 있는 사람이었다. 사무엘상 12장 1-4절보다 이 사실을 더 잘 말해 주는 부분은 없다.

"사무엘이 온 이스라엘에게 말했습니다. '나는 여러분이 원하는 것을 다 해 주었소. 나는 여러분에게 왕을 세워 주었소. 이제 여러분에게는 여러분을 이끌 왕이 있소. 나는 늙어 머리가 희어졌으나, 내 아들들은 여러분과 함께 여기에 있소. 나는 젊었을 때부터 여러분의 지도자로 일해 왔소. 내가 지금 여호와와 여호와께서 기름 부으신 왕 앞에 서 있으니, 내가 무슨 일이든지 잘못한 것이 있으면 말해 주시오. 내가 누구의 소나 나귀를 훔친 적이 있소? 내가 누구를 해치거나 속인 일이 있소? 내가 몰래 돈을 받고 잘못한 일을 눈감아 준 적이 있소? 내가 그런 일을 한 적이 있다면 다 갚아 주겠소.' 이스라엘 사람들이 대답했습니다. '당신이 우리를 속이지 않았습니다. 우리를 해치지도 않았습니다. 당신은 누구에게서도 공정하지 않게 무엇을 가져간 일이 없었습니다.'"

사무엘의 정직함과 개인적인 진실성이 그의 삶의 모든 부분에 깊이 스며들어 있음을 알 수 있다.

우리는 도덕적이거나 부도덕할 수도 있지만 선택은 우리의 몫이다. 그러나 우리가 진실성을 가지기 원한다면, 성경기준에 맞게 윤리적으로 살아가야 한다. 신뢰를 얻을 수 있는 쉬운 방법이 당연히 있다. '의미하는 바를 말하는 것', 그리고 '말한 바를 실행하는 것' 이다. 신뢰는 흔히 두 가지 요인 때문에 줄어들거나 사라진다. 첫 번째 요인은 다른 사람에 대해 솔직하지 않은 것이다. 두 번째 요인은 언행이 일치되지 않는 것이다. 신뢰란 궁극적으로 아주 복잡한 것은 아니다. 중요한 사실 한 가지만 기억하자. 신뢰란 말과 행동, 그리고 이 두 가지에 대한 정직성을 통해 얻을 수 있는 것이다.

## 07 기도

예수께서는 제자들이 귀신을 쫓아내지 못하는 것을 보시고, 그들에게 능력이 부족한 것을 아셨다(마 17:19-21). 그들에게는 가장 중요한 요소인 기도가 빠진 것이다. 그러므로 다른 사람들을 준비시킬 때 가장 중요한 것은 바로 그들을 위해 기도하는 것이다. 예수께서는 제자들에게 이 단계가 사역에서 가장 중요하다고 강조하셨다. 요한복음 17장 6-19절에 그 기도가 기록되어 있다. 예수 그리스도는 제자들이 하나가 되도록 기도하셨다. 그분은 그들이 사역하는 동안 기도하셨다(13절). 예수 그리스도는 그들의 보호를 위해 하나님께 간구하셨다(15절). 하나님의 말씀의 진리로 제자들이 거룩하게 구별되기를 위해 기도하셨다(17절). 예수 그리스도의 기도로 제자들이 준비된 것이다. 섬기는 리더는 사역을 위해, 준비시키는 일꾼들을 위해 기도해야 한다. 바로 이것이 기독교 리더십이 가지는 독특한

점이다. 교회 리더들은 다른 사람들의 기도 없이는 무능력할 수밖에 없다. 왜냐하면 능력이 자신에게서가 아니라 하나님께로부터 오는 것임을 알기 때문이다.

리더의 삶 속에서 기도의 필요성에 대해 다시 한 번 강조하고자 한다. 왜냐하면 예수께서는 기도하는 리더이시기 때문이다. 일단 예수 그리스도는 아버지의 사역을 위해 종이 되고, 모든 것이 하나님의 사역임을 확신하시기 위해 기도하는 시간을 가지셔야만 했다. 기도와 금식을 통해 사역에 몰두하실 수 있었고, 다른 지름길을 통해 하나님의 나라로 가려는 유혹을 물리치실 수 있었다. 예수께서는 기도를 통해 누구를 리더십 팀으로 선택할 것인지를 깨달으셨다. 예수께서는 기도를 통해 자신의 뜻을 버리고 아버지의 뜻을 따르셨다. 예수께서는 기도의 능력으로 자신을 부르신 아버지의 소명을 수행해 나가실 수 있었던 것이다. 하나님의 사역의 종이 된 리더는 자기를 부르시고 능력을 주시는 분에게 기도하는 시간을 가져야 한다. 기도는 비전을 얻는 원천이며, 사역의 방향을 잡고, 수정하며, 자원을 얻는 방법이다. 사역을 감당하는 종들은 사역을 완성할 수 있도록 자신들의 주인과 항상 연결되어 있어야 한다. 기도는 섬기는 리더에게 가장 큰 힘의 원천이 된다.

그러나 사람들은 자기의 지혜, 경험, 재능에 의지하여 계획을 다 짜놓고 기도하거나, 하다가 일이 어그러질 때에야 비로소 기도를 최후의 수단으로 삼는 경향이 있다. 이에 반해 영적 리더는 기도를 최후에 하는 것이 아니라 모든 일을 시작할 때 하는 사람이다. 기도로 준비하지 않고 사역을 시작하는 것은 실탄 없이 전장에 나서는 것과 다름없다. 아무나 성공을 하는 것이 아니다. 성공은 준비된 자에게만 찾아든다. 특히 예수 그리스도의 사역에서 새벽 아직도 밝기 전에 기도로 사역을 준비하는 습관은 우리에게 시사하는 바가 크다 하겠다. 기억할 것은 기독교 리더는 사역을 위해 기도해야 할 뿐만 아니라 기도가 바로 사역이라는 것을 깨달아야 한다. 리더에게 있어서 기도는 리더십 앞에 가고, 리더십에 스며들며 그리고 리더십의 노력을 따라간다. "그리하면 이 모든 것을 너희에게 더하시리라." 기도한다는 것은 하나님께 의지한다는 것이다. 이는 하나님이 필요하다는 것을 드러내는 것이고 자신의 무력함을 인정하는 것이다. 또 자신의 우선순위를 드러내는 것이다.

오늘날의 문제는 근본적으로 기도하지 않기 때문에 생기는 것이다. 그것 말고는 밭이 그토록 넓은데 추수할 일꾼이 터무니없이 적은 상황을 설명할 길이 없다. 기도는 흔히들 무심코 건너뛰거나 몰라서 무시할 위험성이 가장 높은 대목이다. 복음서를 통해 이미 살펴본 것처럼, 인간은 한없이 부족하고 무기력하다. 따라서 하나님이 도와주시지 않으면 영원한 가치를 가지는 사역 중 그 어느 것도 감당할 수 없다. 계획을 세우고, 전략을 짜고, 그것을 실행할 일꾼을 제 아무리 많이 가졌다 하더라도 기도하는 일꾼이 반드시 필요하다. 지구상의 모든 교회와 잃은 양들, 가난한 백성들을 위해 시간을 내서 기도한다면 세상이 얼마나 달라질까? 대답은 "분명히 달라진다"는 것이다. 기도는 눈에 띄는 일도 아니고 급진적인 느낌을 주지도 않지만, 교회사를 보면 기도를 통해 엄청난 일들이 일어났음을 볼 수 있다. 샌더스(O. Sanders)는 "성경의 탁월한 지도자들은 모두 그들의 기도 생활에 있어서 위대하였던 사람들이었다. … 사람들을 움직이기 위해서 지도자는 하나님을 움직일 수 있어야 하는데, 그 이유는 하나님께서 중보의 기도를 통해서 사람들을 움직이신다는 것을 아셨기 때문이다"라고 했다.

존 웨슬레는 이렇게 말한 것으로 자주 인용된다. "하나님께서는 믿음의 기도에 대한 응답 이외에는 어떠한 인간의 일에도 아무 일도 하지 않으실 것이다." 우리 믿음의 중보기도는 하나님의 선하심이 구체적인 상황을 향하여 표출될 것인지, 아니면 죄와 사탄의 힘이 우세하도록 허락할 것인지를 결정하게 될 것이다. 리더란 나서서 일을 해치우려는 성향이 강하기 때문에 이들에게는 자기 재능에만 의지하고픈 유혹이 유난히 강하다. 그렇기 때문에 리더는 남보다 기도 생활에 갑절의 노력을 기울여야 할 것이다.

## 08 용납과 이해

진정한 용서는 자신이 용서할 것이 없다는 사실을 깨닫고 이를 감정적으로 수용할 수 있을 때 비로소 가능하다. 그러려면 먼저 다른 사람을 비난하거나 미워하지 말아야 한다.

요한복음에 보면 간음하다가 현장에서 붙잡힌 여인에 대해서 돌을 들어 치려는 군중을 향해 예수께서 어떻게 하셨는지는 누구나 알고 있을 것이다. 그러나 그 본문 어느 구절에도 '용서'라는 말이 사용되지 않았으며, 그에 대한 암시도 없다. 예수 그리스도는 말씀하셨다. "나도 그대를 비난하지 않는다. 가서 다시는 죄를 짓지 말라." 예수께서는 우선 그 여인의 죄나 실수를 알고 있었지만 결코 비난하지 않으셨다. 그래서 그에게는 용서할 구실이 없는 것이다. 하지만 사람들은 이와 달리 다른 사람의 실수 때문에 그를 미워하거나 비난하고 왕따 시키는 잘못을 종종 범한다. 돌을 들어 치려는 의도 속에는 사람들에게 용서라는 단어가 익숙하지 않음을 볼 수 있다.

마태와 그 친구들의 삶이 드러내는 겉모습을 본 모든 문화는 이렇게 선언한다. "너희는 부적합하다. 너희는 너희 백성과 전통을 배신했다." 그들은 존경받는 유대인 집단에 속할 수도, 하나님을 예배하는 성전에 나아갈 수도 없었다. 그러나 예수께서는 그들이 받는 평판을 인정하시지 않았다. 그들이 자신에게 다가오기 전까지는 그들의 삶을 가려내시지 않았다. 그분은 자신에게 '친구 요청'을 보내온 자들을 선별하시지 않았다. 세리와 죄인, 강도와 창녀와 함께 식사를 나누기 전까지 그들이 변화되어야 하며, 그들의 가치를 증명해야 한다고 생각하시지 않았다. 그분은 랍비이자 외로운 율법 교사지만, 다른 사람들을 받아들이기 전에 그 사람들이 자신처럼 변하기를 기대하시지 않았다. 예수 그리스도의 열린 자세, 이해하며 판단하지 않는 모습이 마태와 같은 사람들에게 굉장히 매력적으로 느껴졌다. 예수께서는 이처럼 있는 그대로 용납하셨던 것이다.

흔히 나이 지긋하신 어른들은 "요즘 애들, 버릇이 없다"느니 "젊은 애들 하는 꼴을 보면 세상이 말세"라고 말한다. 그런데 "요즘 애들, 버릇이 없다"는 말은 고대 그리스 시대부터 있어 왔다. 알고 보면 새삼스런 말이 아니다. 요즘 들어 젊은이들이 예전에 비해 특별히 버릇이 없어진 것이 아니라 시대를 막론하고 세대 간의 인식 차이가 반영된 말일 것이다. 어른들은 대개 자신의 젊은 시절에 형성된 가치관과 세계관을 통해 오늘날의 젊은이들을 바라보고 규정하기 때문에 세대 간의 갈등이 빚어지는 것이다. 특히 세대 간의 의사소통이 단절되었을 때 갈등의 골은 더욱 깊어진다. 지금의 어른들도 아마 자신들이 젊었을 적에는 그 당시 어른들과 본질적으로 이와 비슷한 갈등을 겪었을 것이다. 세월이 흐름에 따라 삶의 조건이나 환경이 현기증이 날 정도로 변하고 있다. 그렇다면 서로 다른 환경에서 태어나 자란 세대 사이에 삶의 가치관이나 방식이 다른 것은 당연하다. 그런데 사람들은 대개 그 '다른 것'에 선악이라는 이분법적 잣대를 들이대며 비난하는 오류를 범한다.

예수 그리스도는 어떻게 이해하고 배려했는지, 칼릴 지브란의 『사람의 아들 예수』라는 책에서 잘 말해주고 있다. "저는 젊은 시절에 로마나 아테네, 알렉산드리아 등지를 다니며 그 나라의 유명한 웅변가들이 하는 연설을 들었습니다. 그런데 이 젊은 나사렛 사람은 그들 누구와도 비교할 수 없었어요. 대부분의 웅변가들은 화려한 수사와 달변으로 사람들의 귀를 사로잡아 군중들의 마음이나 생각이 자기의 사상이나 철학에 끌리도록 했습니다. 연설자 자신에게 초점이 맞춰져 있는 것이었지요. 그러나 예수의 설교는 전혀 달랐습니다. 그의 설교를 들으면 사람들의 마음은 그들 자신을 떠나 이제까지 가본 적이 없는 어떤 세계로 여행을 하게 됩니다. 말하는 사람에게 초점이 맞춰져 있는 것이 아니라, 듣는 사람에게 초점이 맞춰져 있는 것이었지요. 예를 들면 씨 뿌리는 비유나 열 처녀의 비유 그리고 잃은 양의 비유 등입니다." 이처럼 이해하고 배려한다는 것은 상대를 먼저 챙긴다는 것을 의미한다.

예수께서는 자신의 대답에 바리새인들이 눈을 열어 무언가 다른 것을 보기를 원하셨다. 죄인 사이에 함께하는 랍비가 아니라 아픈 자들을 고치는 의사를. 어쨌든 마태와 그 친구들과 단지 식사를 함께하신 것만으로도 예수께서는 치유의 역사를 일으키신 것이다. 영어 단어 '환대(hospitality)'는 '병원(hospital)'과 라틴어 어원이 같다. 병원이란 문자적으로 '이방인을 위한 집'을 뜻한다. 물론, 지금은 치료하는 장소라는 의미를 갖게 되었지만 말이다. 단순히 같은 어원을 지닌 것 이상으로 환영받는 것과 치료받는 것은 서로 깊은 관계가 있다. 소비자로서 형성된 기만적인 실체 뒤에 숨어 있는 진정한 실체가 있는 그대로 사랑받고 받아들여진다면, 그리고 조건 없이 다른 사람의 삶으로 초대받고 환영받을 수 있게 된다면, 영혼은 치유될 것이다. 반면에 세상적인 사랑은 항상 조건적이어서 사람이 가진 조건에 따라 다르게 대우한다.

오래전, 교회를 개척하고 교회가 어느 정도 자리를 잡아갈 즈음 방송설교 녹음을 위해 1년 정도 기독교계통 방송국을 다닌 적이 있었다. 그런데 내가 교인의 에쿠스 차를 타고 갔을 때와, 낡은 승합차를 타고 갔을 때 출입구 관리인의 태도가 매우 달랐다. 다름을 금방 알 수 있었다. 이처럼 사람들은 상대의 조건에 따라 달리 대하는 경향이 있음을 부인할 수 없다.

## 09 완전(딤후 3:17)

　입으로는 그럴 듯하게 말하면서 말대로 행동하지 않는 사람은 누구도 존경하지 않는다. 리더가 하는 행동은 말보다 그가 이끌고자 하는 사람들에게 더 큰 영향을 준다. 사람은 리더가 하는 말의 90%를 잊어버릴 수 있지만, 그 리더가 어떻게 살아가는지는 절대 잊어버리지 않는다. 이것이 바로 바울이 디모데에게 이렇게 말한 이유이다. "온 맘을 다해 충성하여, 그대가 발전하는 모습을 사람들에게 보여 주십시오. 그대는 그대의 삶과 가르침에 주의해서, 늘 올바르게 살고 가르치기에 힘쓰십시오. 그러면 그대 자신뿐 아니라 그대의 말에 귀 기울이는 모든 사람이 구원을 받을 것입니다."(딤전 4:15-16). 우리 인생에서 완벽함을 이룰 수 없다. 그러나 끊임없는 노력을 해야 한다. 우리는 이생에서 그것을 얻을 수 없다. 그럼에도 불구하고 다른 사람들 눈에 명백하게 보이는 진전이 있어야 한다. 바울이 디모데에게 강력히 권고한 두 가지는 당신의 믿음과 행동이, 당신의 말과 걸음이 일치하는지 끊임없이 자신을 되돌아보라는 것이다.

　사실 신약성경에서 예수 그리스도는 흠 없는 리더를 부르신 것이 아니라 믿음으로 진보되는 모델을 부르셨다. 그런데 왜 예수께서는 산상수훈에서 그를 따르는 사람들에게 "그러므로 하늘에 계신 너희 아버지의 온전하심과 같이 너희도 온전하라"(마 5:48)고 말씀하셨는가? 실제로 예수께서 우리에게 말씀하시는 것은 온전함의 완성이라기보다는 온전해지는 과정이다. 믿음이 있는 리더를 온전하게 만드는 것은 그 안에 계신 성령님의 역사로 가능하기 때문이다. 우리 모두는 여러 가지 일로 넘어질 것이다, 그러므로 우리가 말하고 주장하는 것과 행함이 일치되려면 하나님의 도우심이 있어야 한다. 어떠한 일에서 진정한 진보를 이룰 수 있게 해 주는 것은 오직 우리 안에서 성령으로 역사하시는 하나님의 온전케 하심이다. 이사야 선지자가 성전에서 경험한 성령의 임재, 성령의 조명, 성령의 감동이 우리의 가면을 벗게 하는 유일한 해결책이다(사 6:5).

죄짓고 타락한 인간으로서, 우리는 하나님의 완전하신 조명 앞에 맞닥뜨리면 우리가 얼마나 흐트러져 있는지 곧 깨닫게 된다. 이러한 성령의 조명과 능력이 우리로 하여금 온전한 삶을 살아갈 수 있게 한다. 어느 세미나에서 거울은 유리에다가 수은을 입힌 것이라며, '수은'은 한자로 받을 수(受) 은혜 은(恩)이라는 해석이 내게 공감이 되었다. 말씀을 보다가 또는 말씀을 듣다가 아니면 기도하거나 찬송하다가 은혜를 받으면, 영혼의 거울에 비친 자신의 실체를 보게 된다는 의미였기 때문이다. 볼 수 있어야 회개하게 되고, 회개해야 성령의 능력이 우리를 온전케 하시는 역사를 체험할 수 있게 되는 것이다.

## 10 감사

죽은 나사로에게 일어나라고 명하기 전에, 예수님은 항상 자신의 기도에 응답하시는 하나님께 감사했다(요 11:41-42). 예수 그리스도는 감사하는 마음을 가지고 계신 분이셨다. 우리가 알고 있는 소년 한 명의 식사 분량인 보리떡 다섯 개와 물고기 두 마리로 5,000명을 먹이고 열두 바구니를 남긴 오병이어의 기적도 하늘을 우러러 축사한 이후에 일어났다는 사실을 간과해서는 안 될 것이다(요 6:1-15). 감사하는 마음은 열린 마음, 경청하는 마음, 신앙으로 충만한 마음을 포함하고 있기 때문에 리더십의 핵심 요소라 할 수 있다. 더 큰 힘이나 더 나은 환경이 더 좋은 미래를 만들 것이라는 확신 혹은 그것에 감사하는 마음이 없다면, 어떻게 리더가 되겠는가? 예수 그리스도는 "감사합니다"라고 말씀하셨다.

로버트 에먼스 박사는 그의 책 『감사합니다! 행복해질 수 있는 감사표현법』에서 이렇게 말했다. "자신의 성취가 자랑스러울 때, 다른 사람의 도움으로 그것에 이룰 수 있었음을 깨달아야 한다. 그래야 비로소 진정으로 감사하는 마음이 생겨난다." 캘리포니아 다비스 대학에서는 "감사와 고마움에 관한 연구"라는 제목으로 감사 표현이 국민의 행복에 미치는 영향을 연구하였다. 연구 결과 이른바 '감사하는 기질'을 가진 사람들은 삶의 만족도나 생활의 활기, 낙천적인 성향이 높은 것으로 나타났다. 또한 작가 소냐 류보머스키는 자신의 책 『행복해지는 법』에서 감사하는 마음이 행복감을 높여준다는 예를 들었다. 그중에 이런 구절이 있다. "감사하는 마음은 사회적 유대감을 높여주고 관계를 더 다져주고 새로운 관계를 발전시킨다." 긍정 심리학 개념을 세운 마틴 셀리그먼 박사는 "감사의 마음을 표현하는 것은, 그 마음을 받는 사람이나 주는 사람 모두에게 영향을 미친다"고 밝혔다.

요즘에는 많은 사람들이 감정 표현에 그리 어색해 하지 않지만 우선순위에 문제가 있는 것은 아닐까 싶다. 다른 사람에게 감사 표현 하는 것을 중요하게 여기지 않는 것이다. 꼭 감사 표현을 해야 할 분들에게조차도 마찬가지이다. 너나없이 바쁘게 살다보니 소중한 기회를 놓치고 살고 있다는 사실을 생각할 여유조차 없는 것이다. 진심 어린 감사가 기쁨을 준다는 확신이 들면, 이제 표현 방법을 찾으면 된다.

진정한 감사 표현은 인생에 중요한 의미를 주었던 과거의 일들에 대해 감사의 마음을 표현하는 것이다. 다시 말해 자신의 인생을 일으켜주고 변화시켰던 고마운 사람들을 만나서 자신의 인생이 어떻게 달라졌는가 표현하는 것이 핵심이다. 고마운 마음을 표현하는 것은 멋진 사람들과의 관계를 더욱 풍요롭게 만들어 준다는 사실을 잊지 말아야 한다. 젊어서부터 시작하면 그 풍요로운 관계를 즐길 수 있는 시간이 그만큼 많아진다. 다시 한 번 말하지만 감사 표현은 잘 안 쓰는 근육을 단련시키는 것과 같다. 감사 표현은 인생에 결정적인 순간일 수 있으며, 언제 시작하든 결코 늦지 않은 것이다.

## 11 권고

하나님은 언제나 그의 백성들에게 관심을 쏟으시며 그들에게 가장 좋은 것을 바라신다. 이것이 바로 하나님께서 이스라엘 백성, 그의 자녀들에게 많은 선지자를 그 가운데 보내신 이유이다. 그들의 미래가 좋든 나쁘든, 하나님의 사랑의 권고하심에 달려 있었다. 모세는 그의 삶의 마지막 부분에 약속의 땅으로 들어가기 위해 광야에서 길러진 세대들을 준비하도록 구했다(신 28:1-19). 그들의 잘됨은 그들의 군사적인 능력보다도 그들의 영적인 상태에 달려 있었다. 이러한 방식으로, 하나님께서는 완전한 육아(기르고 먹이시는)의 모델이시다. 예를 들면, 예레미야를 통하여, 하나님께서는 그분의 선택하신 백성들에게 말씀하신다(렘 29:11-13). 이것은 분명 우리가 기억하여 잘 살게 될 하나님의 가장 큰 약속 중 하나일 것이다. 그러나 하나님께서 말씀하시기를 "너희가 전심으로 나를 찾으면 나를 찾고 발견하게 될 것이다"(13절)라고 말씀하셨다. 다시 말해서, 하나님은 그분의 백성들을 위한 멋진 계획을 가지고 계신다. 그분의 계획은 우리를 기쁘고 번영하게 만드는 것이다. 그러나 그분의 계획을 우리에게 강요하지는 않으실 것이다.

우리는 그분의 최고의 것을 가질 수도 있다. 우리는 기쁨과 번영을 가질 수도 있다. 그러나 우리가 온전히 간절함과 전심으로 그분을 찾았을 때 그렇게 될 것이다. 하나님께서는 우리에게 시간이 있을 때에 회개하고 그분의 인도를 따르라고 충고하신다. 그분은 세 가지 주된 수단을 통하여 권고하신다. 첫째로, 그분은 성령을 통하여 죄를 확신하게 하신다. 두 번째, 하나님께서는 우리를 올바르게 고치기 위해 다른 믿는 자들의 권고를 사용하신다. 우리는 하나님께서 다른 사람을 통해 주시는 권고의 사역에 귀를 기울여야 한다. 마지막으로, 그분은 또한 그분의 말씀에 주의를 갖게 하신다(딤후

3:16-17). 우리는 반드시 하나님의 권고는 항상 대답을 요구한다는 것을 기억해야 한다. 하나님께서는 단지 우리에게 알려주시기 위해서 계시를 드러내지 않으신다. 그분의 바람은 우리를 변화시키시는 것이다. 그러므로 우리는 반드시 '변화되라' 는 초대에 응답해야 한다. 그러나 슬프게도 하나님의 권고를 거절하는 것은 가능하다. 여러 번 반복되는 이러한 거절은 하나님의 말씀으로 죄를 깨닫는 것에 무능력해지고 치밀어 오르는 가책을 가질 수도 있다(딤전 4:2).

   기억하라. 그분은 "온유한 속삭임"으로 말씀하시는 경향이 있다. 그래서 우리는 그분의 목소리에 둔감하게 될 수도 있다, 그때 하나님은 우리의 주의를 끌기 위해 더 혹독한 방법을 사용하시기도 한다. 씨 에스 루이스(C. S. Lewis)는 "하나님께서는 우리의 즐거움 가운데서는 속삭이신다. 그 분은 우리의 양심 속에서 말씀하시고, 우리의 고통 속에서는 소리치신다. 고통은 하나님이 귀머거리 세상을 자극하고 분발시키시려는 하나님의 메가폰이다."라고 했다. 바울은 다른 사람들을 올바르게 권고하는 능력을 디모데후서 2장 15-21절에서 보여준다. 바울은 디모데에게 "그대 스스로 하나님께 인정받는 선한 사람이 되도록 힘쓰고"(15절)라고 일반적인 권고로 시작하였다. 그리고 이어서 디모데에게 어떻게 이러한 목표를 그의 하나님의 말씀에 대한 연구와 가르침을 통하여 그리고 또한 경건한 성품과 좋은 개인적 습관을 통하여 이룰 수 있는지 구체적인 가이드라인을 제시하였다. 마지막으로 바울은 디모데에게 부정적인 예시와 그리고 긍정적인 예시를 제시하였다. 디모데에게 진리로부터 길을 벗어난 후메네오와 빌레도와 같이 되지 말고, 대신에 큰 집에 금과 은처럼 깨끗하고 빛이 나게 유지되어 주인에 의해 고귀한 용도로 쓰여지라는 권고이다.

우리 모두는 우리에게 진실을 말해줄 수 있고 기꺼이 그렇게 할 수 있는 사람들이 필요하다. 오직 우리가 그들의 권고를 기꺼이 받아들이려고 하고 그렇게 할 수 있을 때, 다른 사람에게도 그렇게 할 수 있는 유능하고 자격을 갖춘 사람이 된다. 토저(Tozer)는 "먼저 하나님의 말씀을 듣지 않는 사람은 어떠한 충고도 줄 권리가 없다. 하나님의 조언을 듣고 따를 준비가 되어 있지 않은 사람은 다른 사람에게 조언할 어떠한 권리도 없다. 누군가를 권고하기 전에 리더는 자기반성에 먼저 관여해야 한다"고 말했다. 디트리히 본회퍼는 "다른 사람들의 죄에 대하여 관대하게 내버려 두는 것보다 더 잔인한 것이 없다. 어떤 사회에서 다른 크리스천이 죄의 길로부터 돌아오도록 가혹하게 질책하는 것보다 연민어리고 동정어린 것은 없다"고 했다. 비슷하게, 다른 사람들로부터 질책 받는 것이 불편하더라도, 방어적이거나 상대방을 반격하지 않고 열어놓고 기꺼이 대답하는 것이 우리 성품의 결정적인 요소가 되어야 한다.

예수님은 말씀하셨다. "너희는 조심하여라. 만약 네 형제가 죄를 짓거든 책망하여라. 그러나 회개하거든 용서하여라."(눅 17:3). 사도 바울은 디도에게 이렇게 가르쳤다. "예언자의 말이 옳습니다. 잘못된 것을 바로잡아 그 사람들에게 말해주고, 엄격하게 대하십시오.

그러면 믿음 안에 굳게 서게 되기 때문입니다."(딛 1:13).

권고에는 필수적인 균형이 있어야 하는데, 사랑으로 진리만을 말해야 한다는 것이다(엡 4:15). 우리는 반드시 사람들에게 세심하고 애정 어린 방법으로 진실의 선물을 주어야 한다. 민감함이나 자만심 때문에 다른 그리스도인의 진지한 말들을 거부하는 사람은 다른 사람에게 겸손하게 진실을 말할 수 없다. 때때로 질책은 끌의 형태를 가진 거친 끝부분을 떼어내 버리는 형태로 사용될 수 있다. 그 과정이 고통스러울 수 있지만, 그것은 또한 필요하다. 신약성서에 보면 예수께서 꾸짖으셨던 사람들 중 한 사람도 그분을 떠나지 않았다. 베드로조차도, 예수께서 "사탄아, 물러가거라"(마 16:23)고 말씀하셨지만 그분에게 붙어 있었다. 사실, 예수께서 심하게 꾸짖었던 제자들이 그의 가장 강력한 지지자들이 되었다. 그분은 먼저 그의 제자들과 그들이 엄중한 꾸짖음으로부터 이익을 얻을 수 있도록 그러한 관계를 세우셨던 것이다.

# Part 3
## 리더십 스킬

# 01 비전

　로버트 스위게트(Robert L. Swiggett)는 "리더의 임무는 비전을 만들어내는 것이다"라고 했다. 비전은 리더에게 방향을 제시해준다. 그리고 그를 따르는 이들도 그것을 자기의 꿈으로 삼게 된다. 비전은 사람들로 하여금 자기만족에서 벗어나 전에는 감히 바라지도 못했을 무언가를 이루도록 동기를 부여해준다. 성서에 선지자를 달리 일컫는 말로 '선견자(seer)'(삼상 9:9)라는 말이 있다. 선견자는 다른 사람보다 먼저 보아야 한다. 그는 다른 이들이 보지 못하는 것을 보아야 한다. "꿈이 없는 백성은 망할 수밖에 없다"(잠 29:18, 현대어성경). 비전은 사람들이 어떤 임무를 수행하더라도 반드시 겪게 되는 어두운 시기와 힘든 날들을 견뎌내도록 도와준다.

　제임스 쿠제스(James M. Kouzes)와 배리 포즈너(Barry Z. Posner)는 비전을 "조직에 속한 사람들에게 비전이 갖는 가장 중요한 역할은 인간의 에너지에 초점을 부여하는 것이다. 비전은 렌즈와 같다. 렌즈는 굴절되지 않은 빛의 광선을 한 곳에 모은다. 비전은 한 조직과 관련된 모든 사람이 자신 앞에 있는 것을 더 명확하게 볼 수 있게 해 준다"고 언급했다.

키에르케고르 역시 가장 중요한 일은 무엇을 해야 하는가를 뚜렷이 정립하는 일이라고 했다. 비전은 꿈이요, 목표이다. 왜냐하면 분명한 목표가 없으면 사람들은 환경과 유행 그리고 사람들의 의견에 따라 쉽게 좌우되기 때문이다. 인생을 바보처럼 살지 않으려면 '나는 누구인가? 나는 왜 이곳에 있는가? 나는 어떻게 살기를 원하는가? 나는 어떤 종류의 사람이 되기를 원하는가? 나는 어떤 유산을 남기고 싶은가?' 라는 물음에 답을 내려야 한다. 존 맥스웰은, 비전은 하나님이 주신 더 나은 미래를 위한 선명한 마음의 그림으로, 비전을 가진 사람으로 하여금 그 그림이 이루어질 수 있도록 이끌어준다고 말한다. 이처럼 비전은 삶과 사역의 에너지를 제공하며 삶의 의미를 창출한다. 기꺼이 위험부담을 끌어안도록 촉진하며, 리더십이 활발할 수 있도록 힘을 실어주며, 사역을 지탱할 수 있도록 해주고, 헌신하도록 동기부여를 해준다. 비전을 다루는 방법으로는, 명확하게 보여주고 창조적이어야 하며 끊임없이 말해주어야 한다.

때때로 우리는 살아가면서 우리가 어디로 가는지도 모르는 길에서 많은 시간을 보내고 있다. 우리는 세월의 빠름을 절감하면서도, 삶에서 일어나는 모든 것이 우리를 어디로 인도하고 있는지 알지 못한다. 우리가 보낸 세월 동안 어디로 향해 왔는지 알았을 때, 우리는 결국 그것이 우리가 원했던 곳이 아니라는 것을 발견하게 된다. 그래서 우리는 또 다시 다른 삶의 쳇바퀴로 뛰어 들지만, 그것 역시 마찬가지로 똑같은 환멸로 인도한다. 우리는 그러한 시간들이 어디로 갔는지 그리고 어린 시절의 꿈과 목표에 무슨 일이 일어난 것인지 궁금해 한다. 그것은 우리가 도중에 잘못된 길을 들어선 것일 수도 있다는 것일까? 판단하여 잘못을 바로 잡기에는 너무 늦은 것일까? 예수 그리스도를 따르는 사람들로서, 우리의 대답은 "아니요. 절대 늦지 않았다"이다. 우리는 항상 되돌아 갈 수 있는 기회와 바른 길로 돌아갈 수 있는 기회가 있다.

우리에게 삶이란 무엇에 대한 것인지 우리에게 말해줄 수 있는 원천인 성경이 있다. 성경은 가이드북이며, 삶의 청사진, 잘 설계된 삶의 기초이며, 때로는 혼동의 미로와 같은 삶에 대한 로드 맵이다. 우리 인생에는 목적과 의미, 명확성과 성취가 있다. 그러나 하나님의 말씀에 있는 지혜로 길을 찾을 때에만 그것을 찾을 수 있다. 비전이 중요한 이유는 사역의 방향을 결정하며, 사역에 따라 조직을 명확하게 해주기 때문이다. 또한 의사결정을 위한 지침을 제공해주며 서로 연합하도록 고취시켜준다. 그리고 전략을 다듬어주며 평가를 용이하게 하고, 조직이 지탱할 수 있는 힘을 제공한다. 성경은 하나님의 궁극적인 목표의 한 부분만을 우리에게 주고 있다. 요약하면, 이 목적은 예수 그리스도를 아는 것이고, 그를 알리는 것이다. 하나님께서는 누구도 멸망에 이르기를 원하지 아니하신다. 모두 다 회개하고 그리스도 안에서 새로 태어남을 통하여 하나님과의 관계에 들어오기를 바라신다(벧후 3:9).

한 사람이 하나님의 자녀로 다시 태어나면, 하나님께서는 그 사람이 예수 그리스도 안에서 성장하고 하나님의 아들 예수 그리스도와 같은 비슷한 형상을 가지기를 바라신다(롬 8:29). 그래서 우리 각자를 향한 하나님의 목적은 영적인 성장이며 복음전도이다. 우리는 왜 침대에서 일어나는가? 우리 인생의 목표는 무엇인가? 매우 적은 사람들만이 그들의 삶의 분명한 목적을 표현한다. 사람들이 그들의 이 땅에서의 여행의 최종 목적지에 대한 계획을 세우는 것보다, 단 2주간의 휴가를 위하여 계획을 세우는 데에 더 많은 노력과 시간을 쏟아 붓는 경향이 있다는 것은 참으로 아이러니하다. 이 세상이 아는 가장 영향력 있는 리더이신 예수께서는 우리에게 비전 캐스팅의 모델이셨다. 사실 성경 전체는 우리로 하여금 미래에 한 하나님의 약속을 내다보도록 초대하는 것뿐만 아니라, 그것들의 실현에 참여하도록 부르고 있다.

사도행전은 예수 그리스도의 비전이 깨달아지는 영광스러운 이야기이다. 그러나 우리가 사도행전 29장을 펴려고 한다면 그 장은 없음을 발견하게 될 것이다. 사도행전 29장이 없는 이유는 전 세계를 통하여 예수 그리스도의 복음이 선포되고 실행됨으로써 우리 각자에 의해 지금 써지고 있기 때문이다. 이제, 사도행전을 읽는 우리는 다음에 무슨 일이 일어났을까 궁금해 한다. 그러나 누가는 나머지 이야기를 언급하지 않는다. 중요한 것은 바울이 자신의 모든 삶을 하나님의 영광스러운 비전이 실제가 되도록 돕는 데에 바쳤다는 것이다. 그리고 그 바통을 디모데나 디도와 같은 사람들에게 넘겨주었다. 그리고 그들은 차례대로 그 바통을 다른 사람들에게 넘겨준 충직한 남자와 여자들에게로 넘겨주었다. 그 바통이 우리의 손에 넘겨질 때까지, 그리고 우리에게 "가서, 땅 끝까지 그리스도의 증인이 되라"고 말하기까지 계속하여 전해졌다.

## 02 열정

열정은 하나님의 몫이다. 하나님의 약속은 열정을 불러온다. 열정이란 영어단어 'enthusiasm'은 '하나님 안에 있을 때'란 뜻을 내포하고 있다. 경건한 리더로서, 우리 인생의 목적은 하나님과 그의 왕국을 향하여 갈 필요가 있다. 그것이 우리가 아무 일도 하지 않고 앉아서 예수 그리스도의 재림을 기다리라는 뜻인가? 아니다. 고린도후서 5장 9절에서 사도 바울은 우리가 이 세상에서 그리고 다음 세상에도 모두 하나님을 기쁘게 할 필요가 있다는 점을 분명히 하였다. "그러므로 우리가 몸을 입고 있든지 몸을 벗어버리든지 주님을 기쁘시게 하는 것이 우리의 소망입니다." 바울은 언젠가 주님께서 그의 이 세상에서의 몸을 부활의 몸으로 바꾸실 것을 알고 있었다. 바울은 현재의 자신의 몸에서 분리되기를 원하지 않았지만, 새로운 몸으로 옷 입혀지기를 갈망했다. 그러한 열정은 바울에게 삶을 탈출해 버리거나 의미 없는 것으로 일축하지 않도록 인도하였다. 그와는 반대로, 그러한 열정이 그로 하여금 예수 그리스도를 기쁘게 하도록 자극을 주었다.

예수 그리스도를 따르는 자들로서 구세주 예수 그리스도를 향한 열정은 우리의 삶에 대한 목적을 이끌어주고 명확하게 정의를 해 준다. 우리의 목적과 열정을 알아차리는 방법에는 최근에 우리를 슬프게 했던 것을 상기해 내는 것이 있다. 혹시 그중에 만약 당신이 예수 그리스도를 충분히 사랑하지 않았다는 깨달음이나 당신이 기도로 주님을 자주 충분히 찾지 않았던 부분에 대해 가슴 아파하며 슬퍼해 본 적은 있는가? 아니면 최근에 무엇이 당신을 기쁘게 하고 슬프게 만들었는가? 이러한 질문들을 우리 자신에게 물어 보면 우리 각자가 무엇으로 살아 나가는지를 알 수 있다. 무엇이 과연 우리의 삶의 주된 동기인가? 먼저 이러한 개인적인 질문과 대답에 영적으로 직면하게 되면, 우리는 개인적인 열정과 목적을 얻기 시작하게 될 것이다. 그렇다고 우리의 목적이 다른 일상생활의 걱정을 없애 준다는 말은 아니다. 우리가 사업의 성공을 바라고 직업적 포부를 가지는 것도 당연하다. 그러나 우리는 반드시 우리의 사명이 이러한 것이 되지 않도록 주의를 갖고 신경을 써야 할 것이다.

존 맥스웰은 리더십의 원동력 4가지를 '친밀감, 성실성, 열정과 능력'이라고 말한바 있다. 열정과 정열은 다른 것이다. 정열은 자기 에너지의 발산이요 인간 욕망의 표출에 불과한 소모적인 것이다. 반면에 열정은 뚜렷한 성취동기와 목표의식을 가지고 스스로를 에너지로 만들 수 있는 생산적인 것이다. 사람은 누구나 출세욕이라든지 부라든지 그런 세속적 정열을 갖고 있기 마련이다. 다만 성공한 사람들에게는 분명하고 원대한 목표와 확고한 의지, 그리고 목표를 실현하고자 하는 남다른 열정이 있었다는 공통점을 발견할 수 있다. 우리 역시 하나님께서 부탁하신 사명을 감당하기 위한 몸부림이 있는지 자문해봐야 할 것이다(고후 7:2-16).

## 03 일관성

오늘날 세속적인 사회는 여과 없이 모든 측면을 기꺼이 수용하려는 교회의 모습을 손 벌려 환영한다. 이 시대의 문화는 엄격한 도덕을 요구하지 않는 사람들을 수용하려는 경향이 있다. 오늘날 이 세상은 만물이 하나님이고, 하나님이 만물이라는 포스트모더니즘적인 줏대 없는 기독교를 수용하는 데 개방적이다. 그러나 이것은 예수 그리스도의 리더십이 아니다. 예수 그리스도의 리더십은 사랑 안에서 진리를 말할 수 있는 용기를 요구하고 있다. 은혜와 진리가 충만하더라는 말씀처럼, 은혜만 있고 진리가 없는 은혜는 사랑이 아니다. 사랑과 타협은 분명한 차이가 존재하는 것이다. 만약 우리가 예수 그리스도의 리더십으로부터 뭔가를 배울 수 있다면, 그것은 바로 진리는 모든 것에 우선한다는 것이다. 예수께서는 결코 '판매고'를 올리기 위해 사람들을 치켜 올리지 않으셨다. 도리어 제자가 되려고 하는 자들에게 제자도의 엄격함과 그 치러야 할 대가에 대해 가르치시면서 저들에게 단념하도록 말씀하셨다. 또한 예수께서는 그의 제자들에게 "너희들의 가치관에 대해 결코 타협하지 말라"고 말씀하지도 않으셨다.

예수께서는 그럴 필요가 없으셨다. 단지 모본을 보이는 것으로 충분하셨기 때문이다. 요한복음 2장에 보면 실례로서, 주님은 당시 유대 지도자들과 대립하셨는데 그것은 그들이 예배 처소를 장사하는 집으로 만들었기 때문이다. 예수께서는 그들에게 채찍을 들어 쫓아내시고 상을 엎으셨다. 그리고 그들의 사악한 행위에 대해 징계하셨다. 오늘날 사회도 더 많은 도덕주의자들이 필요하지 않다. 이 세상은 그런 사람들로 가득 차 있다. 사람들은 진리를 알고 또 말할 줄 아는 원칙 있는 지도자를 필요로 한다. 사람들은 자신의 의무를 말해주는 리더를 필요로 하는 것이 아니라 도리어 자신이 해야 할 바를 할 수 있도록 용기를 불어넣어 주는 예수 그리스도와 같은 리더를 필요로 한다. 이것은 이 시대가 진리 편에 서있는 리더를 요구하고 있다는 증거이다. 이처럼 약속과 헌신은 중요한데도 오늘날은 그것들이 선택적인 사항이 되어버린 것 같다.

사람들은 성과와 편리에만 관심이 있어서인지 상황에 따라 얼마든지 규칙은 바뀔 수도 있으며, 약속과 공약은 마음대로 없앨 수 있다고 생각하는 경향이 있다. 그러나 성경은 원칙이 얼마나 중요한지를 명확히 말하고 있다. 하나님은 성서를 통하여 스스로 언약을 세우시고 그것을 지키시며, 신뢰할 수 있는 분이라는 점에 초점을 두고 있다(대상 16:15, 시 105:8). 입으로는 그럴듯한 말을 하지만 원칙대로 하지 않는 사람은 누구도 존경하지 않는다. 리더가 하는 행동은 말보다 그가 이끌고자 하는 사람들에게 더 큰 영향을 준다. 하나님의 일과 행동은 언제나 하나님의 속성과 일치한다. 이와 달리 어떤 사람들은 종종 기대와 어긋나게 사람들을 실망시키고 실망시킨다. 그러나 하나님은 절대로 실망시키지 않는다. 왜냐하면 그는 절대 변하시지 않기 때문이다. "예수 그리스도는 어제나 오늘이나 영원토록 동일하시니라"(히 13:8). 예수께서는 변하지 않으신다. 그의 사랑도, 진리도, 그의 좋으심도 외부의 상황이나 조건에 좌우지 하지 않는다. 절대 흔들리거나 바뀌지 않으신다. 많은 기업의 리더들과는 달리, 하나님의 'Yes'는 언제나 'Yes'이다. 그리고 그의 'No'는 항상 'No'이다.

## 04 칭찬과 인정

예수께서는 계속해서 제자들을 칭찬하셨으며, 그들에게 "잘했다"라고 말씀하셨다. 예수께서 말씀하신 이야기 중에는 충성스러운 종들을 칭찬하는 주인의 비유가 많이 나온다. 하나님은 예수께서 강에서 세례(침례)를 받고 계실 때 하늘을 여시고는, "너는 내 사랑하는 아들이요, 나는 너를 좋아 한다" 하고 칭찬하셨다(눅 3:22). 또 한 번은 예수께서 산에 계실 때 "이는 내 아들이요, 내가 택한 자다. 너희는 그의 말을 들어라"고 구름 속에서 말씀하셨다(눅 9:35). 하나님까지도 공적인 인정이 사람들에게 동기를 부여하고, 그들을 관리하는 가장 훌륭한 방법이라는 것을 알고 계셨던 것이다. 사람들은 언제나 다른 사람에게 자신이 하고 있는 일을 인정받고 싶어 하며, 그러한 욕구를 통해 성장한다. 이런 모습은 일터에서나 경기장에서나 흔히 볼 수 있다. 왜냐하면 사람들은 나이에 상관없이 인정받기를 원하기 때문이다.

　모든 인간은 칭찬과 인정, 용납을 필요로 하고 원한다. 자신의 가치를 알고 확신하는 것은 아마도 마음속 가장 깊은 곳에 위치한 염원일지도 모른다. 사람들은 칭찬과 인정받기를 바라고, 존중받고 존경받고 있음을 느끼기 원한다. 상대의 자부심을 높이는 방식으로 소통하고 일한다면, 그들에 대한 영향력을 높일 수 있다. 상대의 자부심을 높이고 진심에서 우러나오는 칭찬을 한다면 그들의 행동을 변화시키고 개선할 수 있다. 칭찬을 받은 사람은 이제 지켜야 할 평판이 생겼고, 그 칭찬의 타당성을 증명하고 실현할 기회가 생겼기 때문이다. 진실한 칭찬을 할 때에는 일이 잘못될 리가 없다. 그것은 사람들을 더욱 기분 좋고, 행복하고, 에너지 넘치고, 생산적으로 만들기 때문이다. 사람들은 진실한 칭찬을 받으면 얼굴에는 미소가 꽃피고 정신은 하늘로 날아오른다. 매일 마음에서 우러나는 진심어린 칭찬에 너그러운 마음까지 가지면, 다른 사람에게 긍정적인 영향을 미칠 잠재력을 높일 수 있을 것이다.

　"세계 인구의 30억 명이 굶주린 상태로 잠자리에 든다. 그러나 그보다 많은 40억 인구가 매일 밤 따뜻한 말 한 마디를 그리워하며 잠자리에 든다"라고 세계적인 동기 부여가 지그 지글러 박사는 말한다. 칭찬이 긍정 에너지의 원천임을 알 수 있다. 『칭찬은 고래도 춤추게 한다』는 책이 한때 베스트셀러가 된 적이 있다. 그러면 3톤이나 넘는 그 고래가 어떻게 춤을 출 수 있을까? 바로 조련사의 칭찬 덕분이라는 것이다. 크고 작은 행동 하나하나에 빠짐없이 칭찬하고 쓰다듬다보니 고래는 흥분하여 춤을 추고 뛰노는 것이다. 이것이 칭찬의 효과다. 이처럼 칭찬하면 고래도 놀라운 능력을 발휘하는데 하물며 사람이 칭찬받으면 그 결과는 말할 필요도 없을 것이다. 이처럼 사람들은 인정과 칭찬에 목말라하며 살아가지만, 정작 좀처럼 다른 사람들을 칭찬하고 인정을 해주는 데서 나아질 기미를 보이지 않고 있다.

사람들은 언제나 다른 사람에게 자신이 하고 있는 일을 인정받고 싶어 하며, 그러한 욕구를 통해 성장한다. 당신도 옷을 잘 차려 입은 중년의 신사들이 진지한 모습으로 골프공을 치는 모습을 보았을 것이다. 그들은 공을 치고 난 후에 주위를 둘러본다. 다른 사람들이 자신의 모습을 얼마나 주시하고 있는지 보기 위해서다. 일터에서나 경기장에서나 나이에 상관없이 인정받기를 원한다는 것이다. 사람은 인정을 받을 때 변화되고 새롭게 거듭나기 시작한다. 어느 조사에 따르면, 자녀들이 가장 많이 상처를 받는 말은 "네가 제대로 하는 게 뭐 있어?"(43%)였고, 부모가 자녀들로부터 가장 많이 상처받는 말은, "나한테 해준 게 뭐 있어요?"(73%), "엄마 아빠 때문에 창피해죽겠어요"(47%)라는 말이었다고 한다. 즉 자녀는 부모가 인정해 주지 않고 무시할 때, 그리고 부모는 자녀에게 인정받지 못할 때 가장 큰 상처를 받는다는 것이다.

이 시대에 가장 필요한 것은 바로 인정이다. 인정하기 위해서는 너-진술보다 나-진술을 사용해야 한다. 상대를 지적하는 '너는, 당신은' 이런 말의 형식보다 상대의 행동이나 말로 인해 자신이 겪은 상처에 대해 '나는, 내가' 라는 형식으로 말하라는 것이다. 너의 진술은 대부분 비난의 모습을 갖지만 나의 진술은 인정의 모습을 띤다. 개인이나 팀이 주목할 만한 일을 해내면 이를 반드시 지지해 주어라. 다른 사람들에게 알리고 매순간마다 그것에 대해 이야기하라. 그리고 보상하라. 돈이 들지 않는 방법이면서 효과가 아주 좋은 동기 유발 도구들은 인정, 칭찬, 축하인 것이다. 성공에 대한 축하는 전체 일의 여정에 몰입하도록 만드는 효과적인 수단이다. 리더가 구성원을 인정하고 칭찬한다는 것은, 서로의 생각에 차이가 있더라도 구성원 관점에서 바라보고 이해하려고 노력한다는 것을 의미한다. 구성원의 관점이 '틀린' 것이 아니라, '색다르다'고 여겨 포용하고 인정한다는 것이다. 전화 한 통, 간단한 쪽지, 다른 사람이 나에게 해준 것에 대한 개인적인 감사의 말은 아주 적은 시간이 들지만, 긍정적인 이득을 창출한다.

  맥스웰은 자신의 저서에서 빅터 프랭클의 말을 다음과 같이 인용했다. "사람들이 각자 꿈꾸고 있는 인물로 그들을 대우해주고 칭찬을 아끼지 않는다면, 당신은 그들을 그들이 원하는 인물로 만들게 될 것이다. 사람들을 있는 그대로 대우하는 것은 결과적으로 그들을 더 나쁘게 만든다. 우리가 사람들을 이미 꿈꾸었던 그 사람으로 대해 준다면 우리는 그들을 돕는 것이 된다." 최고의 친구는 내 안에서 최상의 것을 이끌어 내도록 도와주는 친구다. 맞는 말이다. 모든 리더는 칭찬과 격려라는 도구를 사용해야 할 것이다. 왜냐하면 사람들은 누구나 인정받고 싶어 하는 욕구가 있기 때문이다. 개인적인 성취에 대해 칭찬받고 싶어 하고, 자신이 쌓은 공헌에 누군가 감사의 말을 해주길 원한다. 인정은 그 사람의 존재를 더 의미 있게 하는 좋은 방법이다. 칭찬은 사람들의 마음을 즐겁게 하고 마음의 문을 열게 한다. 또한 대화에 기꺼이 참여시키는 자세를 만들어 준다. 따라서 대화에서도 칭찬은 반드시 함께 사용해야 하는 필수 요소이다.

예수께서는 미래 예정법을 사용하여 모든 사람을 '누구든지'의 자리에 초청하고 있음을 보게 된다. 이 자리에 참여하는 자는 모두 칭찬 주인공이 될 수 있기에 이 칭찬은 과거의 칭찬이 아니라 미래의 칭찬이라고 할 수 있다. "누구든지 내 이름으로 이런 어린아이를 영접하면 곧 나를 영접함이요"(눅 9:48). "무릇 자기를 높이는 자는 낮아지고 자기를 낮추는 자는 높아지리라"(눅 14:11). 그밖에 복음서 곳곳에서 '누구든지'를 만날 수 있다. '누구든지'의 자리로 제자들과 당시의 유대인들을 초청하는 예수 그리스도의 가르침은 지금도 유효하다. 누구든지 시공을 초월하여 예수 그리스도의 칭찬을 받는 사람이 될 수 있다. 일상에서 예수 그리스도의 교수법인 '칭찬 주인공이 현재가 아닌 미래의 칭찬'을 활용해본다면 어떨까? 이 칭찬의 장점은 누구든지 칭찬의 주인공이 될 수 있다는 것이다. 이같이 미래를 칭찬하는 것도 삶을 더욱 풍성하게 해주는 도구가 될 것이다.

## 05 희망과 격려

사람은 희망 없이는 살 수 없다. 역사를 통하여 인간은 많은 것들을 잃는 것을 견뎌왔다. 사람들은 그들의 건강, 재정, 평판, 직업, 심지어는 사랑하는 사람들을 잃었지만 그래도 견뎌왔다. 희망만 있다면 인간은 거의 모든 것을 잃음으로부터 생존할 수 있다. 희망이 우리를 살게 하는 것이다. 우리가 젊을 때는, 학교에 가고 언젠가는 졸업을 할 것이라고 희망한다. 우리가 졸업을 하고 언젠가는 좋은 직장에 들어갈 것이라고 희망한다. 우리 중 많은 사람들이 싱글 일 때, 좋은 사람을 만나 결혼을 하길 희망한다. 그리고 결혼을 하면 언젠가는 아이 갖기를 희망한다. 그러나 우리가 아이를 갖더라도, 그 아이들이 스스로 자라서, 성공하고, 결혼하고, 우리에게 손자, 손녀들을 안겨주기를 바라며 충분히 오래 살기를 희망한다. 우리는 희망으로 산다.

그러나 희망이 사라지면, 인내와 기쁨과 에너지와 용기가 사라진다. 인생 그 자체가 희미해지기 시작한다. 희망이 가버리면, 죽기 시작한다. 성경의 가장 심오한 잠언 중에, 소망이 좌절되면 마음에 병이 들지만 소망이 이루어지면 그 안에 생명이 있고 기쁨이 넘치게 된다는 좋은 글이 있다(잠 13:12).

우리에게 희망이 없는 것도 문제지만 우리의 희망을 부적절한 곳에 두는 것은 더 큰 문제이다. 아마도 우리는 우리의 희망을 스포츠

나 예능, 학업에 투자한다. 우리가 조금씩 나이를 먹으면서 우리의 희망을 부와 직위, 명성과 업적에 둔다. 우리가 희망을 잘못된 것에 두게 되면 두 가지 중의 하나는 일어나게 된다. 우리가 희망했던 수준에 못 미치는 절망이나 씁쓸한 경우로 끝나게 되던가, 아니면 우리의 마음이 충족되지 않은 것에 실망하게 될 것이다. 구약 선지자의 글들의 주요 테마는 격려하시는 하나님이다. 다시 말해서 하나님께서는 그분의 백성을 격려하신다. 왜냐하면 그분은 백성들을 사랑하시기 때문이다. 그러므로 임박한 심판에 대하여 경고할 때조차도, 가까운 곳에 항상 위로와 위안이 있었다. 다가오는 심판을 말씀함에 있어, 그분의 선지자들은 항상 역경의 시간을 넘어 전례 없었던 축복의 시간을 보았다. 이러한 위안은 하나님께서는 하나님의 사람들에게 훈련을 견디고 하나님의 자비로우심을 믿도록 하는 일종의 격려였다. 이사야를 예로 들면, 이러한 말로 위로의 말씀을 시작한다. "위로하여라, 내 백성을 위로하여라, 하나님께서 말씀하신다"(사 40:1).

바벨론의 포로기 후에, 예레미야는 그들에게 말하기를, 백성들을 번영시키고 해를 주지 않으며 희망과 미래를 주는 것이 여전히 하나님의 계획이라고 확신시켰다(렘 29:11). 이스라엘 백성들은 70년간의 포로생활의 트라우마를 경험하였다. 남아있는 사람들이 다시 정착하고 그들의 성전을 세우기 위해 예루살렘으로 돌아 왔을 때에 많은 사람들이 하나님께서 그들을 향한 목적이 여전이 있으실까 궁금해 했을 것이다. 그리고 그들이 돌아온 땅은 너무나 황량했다. 예루살렘은 난장판이었고 파괴되어 있었다. 성전과 궁전, 성벽, 모든 것들이 파괴되고 사라졌었다. 그것은 하나님께서 다른 민족을 더 좋아하여 자기들을 버렸을 지도 모른다고 생각하게 만들었다. 주님께서 그의 종 스가랴를 위로와 희망의 메시지와 함께 보내신 것이 이것의 문맥이다. 스가랴는 그들에게 언젠가 이 성전에 오셔서 그의 백성에게 구원을 주실 메시야의 환상을 보여주면서 성전을 새로 짓는 프로젝트를 마칠 수 있도록 격려했다. 스가랴 선지자를 통하여 나머지 사람들에게 그분께서는 그들의 목적을 가지고 돌아오게 하셨으며, 그분의 언약은 이 땅의 나라들에 메시아의 영광스러운 통치가 이루어질 것이라는 것을 약속하셨다(슥 2:11-12).

하나님은 신뢰할 수 있는 분이시다. 우리의 희망이 그분에게 있을 때, 우리는 용기를 잃고 걱정을 할 필요가 없다. 이 세상에 무슨 일이 일어나든 상관없이, 그의 약속은 확실하다. 그 어떤 것도 오고 지나가는 하나님의 말씀을 막을 수 있는 것이 없다. 아무런 역경이나 고통, 슬픔까지도 말이다. 아무것도 그분의 말씀이 이루어지는 것을 막을 것이 없다. 앤디 쿡(Andy Cook)은 우리가 확신을 잃지 않고 어떻게 힘든 시간을 걸어 나갈 수 있는지를 말해준다. "당신은 어떻게 당신의 미래를 향해 확신을 가지고 걸어갈 것입니까? 그리스도께서 주시는 축복, 평화, 기쁨에 초점을 맞추어 보십시오. 예수께서 먼저 걸으셨고, 그와 함께 가기를 초대하고 있다는 사실에 초점을 두십시오. 우리는 혼자 여행할 필요가 없습니다. 어둡고 지옥의 골짜기로 떨어지는 것 같을 수 있으나 최소한 우리는 혼자가 아닙니다.

예수께서는 절대로 우리를 떠나지 않으실 것이라고 약속하셨습니다. 그분의 태도가 당신의 망토가 되게 하십시오. 그분의 신발이 당신의 발걸음을 인도하게 하십시오. 그리고 그 길을 가면서, 그 웃음이 그 고통 너머에 있음을 기억하십시오. 십자가 너머에는 부활이 있음을, 슬픔 너머에는 신나는 축하행사가 있음을. 앞으로 올 웃음에 집중하십시오."

하나님은 우리를 격려하시는 분이다. 그분은 그분의 백성들에게 위로와 평화를 주시는 것이 그분의 일과다. 비록 두려움과 불확실함이 있는 한 가운데서조차도 말이다. 그러나 그분께서 백성들에게 격려를 주시는 방법은 그분의 사람들을 통해서이다. 우리가 더욱 더 예수 그리스도와 비슷해지면서, 우리는 반드시 우리 주변의 사람들에게 격려 주는 것을 우리의 비즈니스로 만들어야 한다. 격려는 팀을 이끌고 항해를 하게하는 바람과 같다. 격려는 사람을 앞으로 움직이게 한다, 우리 모두는 지지해주는 말이 필요하다.

그래서 불리하고 부정적인 상황에 사로잡힌 사람들을 격려하기 위해 우리는 무엇을 해야 하는가? 첫째로, 우리는 그들의 감정을 인정할 수 있도록 도와야 한다. 그리고 그것을 진리에 맞추도록 도와야 한다. 다음으로 그들과 하나님과의 관계, 다른 사람들과의 관계를 강화시킬 수 있는 일을 찾도록 도와야 한다. 생산적인 일을 찾는 것은 중요하다. 우리가 왜 이곳에 있고 우리가 일생에 무엇을 해야 하는지를 발견하면, 하나님께서는 희망과 격려를 우리에게 불어넣으신다. 우리는 그러한 희망과 격려를 다른 사람들에게 전달할 수 있다.

  신약의 어떤 인물도 바나바보다 다른 사람들을 더 잘 격려하는 능력을 보이지 못했다(행 4:36). 바나바란 이름은 '격려하는 사람'이란 뜻을 가지고 있다. 바나바는 사도들에게 사울의 사역을 축복하라고 격려하였고, 그들은 호의적으로 대답했다. 바나바는 사울이 사역을 시작하기에 필요한 지원을 적절한 때에 제공해 주었다. 바나바가 만약 참회하고 인생이 완전히 뒤바뀐 사람(바울)에게 손을 내밀고 돕지 않았더라면, 사울은 그가 다른 사람들에게 선포하던 그 자유를 완전히 경험하지 못했을 것이다. 효과적인 리더들은, 바나바처럼 지지하는 말을 해줄 수 있어야 한다. 바나바가 사울의 행동에 아무 말도 하지 않았다고 가정해 보자. 무슨 일이 일어났을까? 이처럼 아주 작은 격려는 우리 주변의 사람들에게 동기부여를 하여 멀리 가게 할 수 있다.

## 06 우선순위와 의사결정

  우선순위는 시간을 효과적으로 관리하는 데 있어서 중요하다. 그럼에도 불구하고 사람들은 자기훈련의 결여, 우유부단, 정돈되지 않은 삶, 걱정과 공상, 맡기지 못하고 거절하지 못함으로 인해 시간을 효과적으로 사용하지 못하고 있다. 우리는 신약성경에서 예수 그리스도의 우선순위(막 1:35-38), 그리스도인의 우선순위(눅 9:39-

42), 목적과 우선순위(고전 9:24-27)를 찾아볼 수 있다. 이 우선순위는 분주하다고, 또한 열심히 산다고해서 성취를 이루는 것은 아님을 말해준다. 이는 쓸데없는 곳에 에너지와 자원을 낭비하지 않고 지혜롭고 체계적으로 일해야 함을 가르쳐준다. 그러므로 정체되지 않으려면 자신을 우선순위에 따라 평가하고 우선순위에 맞춰 재조정하거나 계획하고 중요치 않은 일에는 거절할 용기도 있어야 한다 (마 23:24, 시 90:12). 의사결정은 리더십의 핵심 능력 중의 한 가지이다. 사실 의사결정 능력은 서툰 리더인지, 훌륭한 리더인지를 차구별시킨다. 의사결정은 올바른 생각을 요구한다.

　인생은 결정으로 가득 차 있고 우리가 의식하지 못한 수준의 것들도 많다. '어떤 양말을 신을까? 어떤 옷을 입을까? 어떤 신발을 신을까? 어떤 차선으로 운전할까?' 등등 이러한 대부분의 결정은 우리의 습관으로 만들어진다. 반면에, 우리가 생각할 시간을 갖게 하는 결정들이 있다. '점심으로 어떤 게 좋을까? 메일을 언제 보낼 것인가? 머리카락은 언제 자를까?' 이러한 결정들은 작은 것들로, 그다지 중요하지 않은 것으로 보이지만, 하나로 짜이면, 우리 매일 매일의 삶을 수놓는 것들이다. 또 결정중에는 우리를 몸부림치게 하고 인생을 바꿔주고, 변화하게 하는 결정들이 있다. '어떠한 직업을 선택해야 우리의 재능, 실력과 부름에 긴밀히 연결되어 있는가? 결혼은 해야 하는가, 아니면 싱글로 남아있어야 하는가? 어디로 이사할 것인가? 어떤 교회가 가장 좋은 성장의 기회를 줄 것이며, 가장 좋은 목회자를 만나게 될 것인가?' 이러한 결정들은 매우 많은 시간을 들일만한 중요하고도 어려운 선택들이다.

종종 작은 일에 우리가 쓰는 동일한 의사결정 방식이 큰일을 결정하는 데에도 사용된다. 그래서 여기서 질문은, '어떻게 우리는 현명하게 선택할 것인가?' 이다. 많은 나쁜 선택들은 단순히 우리가 의사결정을 너무 서둘러서 하고, 우리의 감정에 기초를 둔 결단과 바르지 못한 나쁜 정보, 또는 충동 때문에 생긴다. '직감적, 본능적 반응'이라 불리는 말이 있다. 그러나 우리의 모든 구매를 감정이나 느낌에 기초를 둔다면 매우 많은 결정들을 후회하게 될 것이다. 그 반대의 극단은 자동적으로 우리의 의사결정 방식에 있어서 어떠한 감성적인 요인도 모두 배제시키는 것이다.

좋은 결정에 있어 유일한 토대는 올바른 생각이다. 이러한 유형의 지혜는 위로(하늘)로부터 오며, 네 가지 주된 방법을 통하여 우리에게 주어진다. 그 네 가지는 하나님의 말씀으로, 하나님의 영, 하나님의 섭리, 하나님의 사람들이다. 다시 말해서 좋은 결정의 습관을 보장하기 위해서는 우리는 반드시 하나님의 말씀으로 끊임없이 새로워져야 한다. 또 반드시 하나님의 영과 함께 맞추어가는 사람들이 되어야 하며, 하나님의 인도와 인도하심에 주의를 기울여야 한다. 또한 하나님께서 우리의 상황 속에서 어떻게 일하시는지 주의 깊게 바라보고 하나님의 섭리를 발견해야 한다. 그리고 다른 충직한 믿음의 사람들과 함께 공동체 안에서 살아가야 한다.

모든 인간은 적어도 한두 가지 나쁘고 서툰 결정을 한다. 우리 대부분은 나쁜 선택의 목록을 가지고 있으며, 때때로 그것들을 다시 찾아가곤 한다. 우리가 현명하게 선택했더라면 어떤 결과로 나타났을지 상상하면서 말이다. 우리는 어리석은 실수들을 무효로 하고 원상태로 되돌릴 기회를 거의 가지고 있지 않다. 우리가 매일 결정을 하고, 작은 결정들에 의해 수립된 패턴들은 큰 결정들의 과정을 형성한다. 역대상 12장 32절에서, 우리는 좋은 결정을 위한 두 가지 핵심 전제조건을 발견하게 된다. 이러한 조건은 효과적인 결정의 두 가지 필수적인 요소를 강조한다. '관심'과 '단호함'이다. 좋은 결정은 적절한 정보와 관련 있는 적절한 사실의 주의 깊은 분석을 요구한다. 중요한 결정은 일반적으로 서둘러서는 안 된다. 그것들은 구상을 위한 충분한 시간이 요구되기 때문이다. 그러나 일단 결정이 되면 그러한 결정들은 단호하게 의사소통 되어야 하고 실행되어야 한다. 결정을 하는 사람들로서, 우리는 복잡한 일들을 이해해야 하며, 또한 어떻게 행동할 것인지에 대해 하나님의 관점도 필요하다.

잠언서는 바로 그것을 할 수 있도록 도와준다. 어려움이나 문제는 우리가 무엇이 정당하고 올바르고 공정한지 모를 때에 찾아온다. 그것이 바로 솔로몬이 단순한 사람들은 신중함이 필요하다고 경고한 이유이다(잠 1:1-6). 잠언서는 의사결정의 교과서가 아니다. 그러나 이 지혜로 가득 찬 책은 가능한 최고의 결정을 내리는 데 우리를 도와줄 하나님의 선물이다. 어떠한 결정도 만약에 하나님과 상관없이 독립적으로 내린다면 현명하지 못하다.

여호수아 9장에서 이스라엘 사람들은 끔찍한 결정을 내렸다. 왜냐하면 그들은 하나님의 계획을 떠났기 때문이다. 결과적으로 그들은 하나님께서 인정하시지 않는 결정의 결과와 함께 살아야만 했다(수 9:1-15). 이스라엘 사람들은 데이터를 모았다(7-14절). 그러나 그들은 그 과정에서 결정적이고 가장 중요한 과정을 놓쳤다. "그러나 이스라엘 사람들은 어떻게 해야 할지 여호와께 묻지 않았습니다"(14절). 많은 해가 지나가고, 야고보는 바로 같은 이 문제를 이야기했다. 그는 "주님께서 원하시면 우리가 살 것이며, 이런저런 일을 할 것이다"(약 4:15)라고 했다. 이 예를 보면, 여호수아는 하나님께 뜻을 찾는 것을 실패하여 나쁜 결정을 내렸던 것이다. 마지막에 그는 자신과 그의 백성들을 기브온 사람들에게 약속을 지키도록 하는 멍에를 지워주게 되었다. 그것은 후에 이스라엘이 가나안을 완전히 정복하는 것을 가로 막는 주범이 되었다. 결국 여호수아는 그렇게 나쁜 상황의 결정을 내리고 말았다. 마지막 결과들은 최선의 것과는 멀었다. 야고보는 누구든지 하나님을 믿는 사람은 결정을 하기에 앞서서 하나님께 뜻을 구해야 한다고 충고했다.

성경의 리더들 중 느헤미야는 올바른 방향으로 현명한 의사 결정을 하는 최고의 패턴을 제공한다(느 1:1-11). 느헤미야는 어마어마한 도전에 직면해 있었다. 예루살렘의 성벽은 황폐해졌고, 돌아온 망명자들은 매우 연약해 있었고, 낙심해 있었다. 느헤미야가 망명에서 이러한 소식을 들었을 때, 그는 4단계의 문제 접근 방법을 시도하였다. 첫째로, 그는 그 상황을 주의 깊게 살폈다(2-3). 둘째로, 그는 힘들어하고 있는 사람들을 격려하였다(4). 셋째로, 그는 하나님 앞에 자신을 낮추었다(4). 넷째로, 그는 기도했다(5-11). 느헤미야는 하나님을 흠모하였다(5). 그의 나라의 죄를 하나님 앞에서 고백하였다(6-7). 그리고 마침내 하나님께 도와 달라고 청원하였다(8-11). 궁극적으로 느헤미야는 위대한 리더들이 아는 것들을 알고 있었다. 모든 지혜는 하나님으로부터 오며, 그분께서는 우리가 좋은 결정을 내리기 위해 그분의 지혜를 사용하는 것을 배우도록 돕기 원하신다는 것이다. 기도, 그러면 그것은 반드시 우리의 의사 결정 과정의 영구적인 부분이 되어야 한다(골 3:17).

하나님은 최고의 문제 해결자이시며, 그분께서는 그분의 백성들이 직면하는 문제들을 해결해 낼 수 있는 힘과 자원을 제공해 주신다. 문제는 우리가 그렇게 하지 않다는 데 있다. 우리는 전형적으로 우리의 문제들을 하나님께 간청함이 없이 해결하려고 시도한다. 정말로 난관에 빠졌을 때만 하나님을 부른다. 어떠한 이유로 성경의 하나님께서 비즈니스나 투자나 직원 문제를 아신다고 생각하지 않는다. 때때로 우리는 하나님께서 우리 삶의 대출금 납부나 휴가계획처럼 일상적인 부분에는 관여하시거나 관심이 없는 것처럼 여기고 있다. 우리는 하나님께서 우리 삶에서 오직 중간크기의 문제에만 관심을 가지신다고 생각하는 경향이 있다. 우리는 하나님께서 관심을 가지시기에는 너무 하찮은 문제들이라고 생각할지도 모른다. 그러나 반면에 어떤 문제는 우리가 하나님께 가져가기에는 너무 크다고 생각하기도 한다. 가장 크고 위대한 문제 해결의 예는 바로 성경의 구절에서 찾을 수 있다. 하나님께서는 인간의 죄로 인한 혼돈과 파괴 그리고 심지어 가장 나쁜 문제들까지도 온전히 해결해주셨다. 하나님께서는 이전에 하나님의 적이었던 자들을 그의 사랑하는 자녀가 될 수 있도록 가능하게 해 주셨다.

   로마인들에게 쓴 서신에서 사도 바울은 인간의 역사에서 가장 큰 문제의 설명을 시작한다. 인간의 불의와 스스로 의롭다고 하는 인간성에 대한 하나님의 심판이다. 인간의 죄로 인해 하나님과의 관계가 멀어진 문제는 인간의 노력과 일, 사람이 만든 종교적인 시스템들로 해결할 수 없다. 로마서 3장 9절에서 "유대인이나 이방인이나 모두 죄 아래에 있습니다"라고 기록되어 있기 때문에 그 문제는 오직 하나님께서만 해결하실 수 있는 매우 어마어마한 부분이다. 진정한 문제는 외적인 부분이 아니라 내적인 부분이다. 예수께서는 모든 죄 있는 행동과 습관은 불가분하게 마음과 연결이 되어있다고 말씀하셨다. 우리는 우리의 행동을 깨끗이 할 수 있지만, 마음속의 악을 뿌리 뽑기 위해서 바깥의 도움이 필요하다. 하나님의 해결책은 매우 창조적이고 혁신적이어서 누구도 그것을 생각해보거나 상상해 볼 수도 없다. 그러나 하나님께서 솔선수범하셔서 잃어버린 자들을 찾아오시는 것은 세상 종교 중 기독교에서만 유일한 것이다(롬 8:17). 그리스도 안에서의 하나님의 은혜와 그분의 자비하심으로 인한 구원은 의심 없이 문제 해결에 대한 우리가 상상할 수 없었던 가장 창조적인 접근 방식이다.

   만약 우리의 사업이나 가정에, 아니면 개인적인 삶에 우리의 행동을 요구하는 긴급한 문제가 있다면, 우리는 하나님께서 그것을 도우시려고 기다리고 계시다는 사실을 알아야 한다.

## 07 핵심가치

    핵심가치는 효과적인 리더십에 필수적이다. 그것들은 우리의 행동을 이끌어가는 타협할 수 없는 것이며, 의논할 여지가 없는 진리이다. 그것은 동기를 부여하고, 우리가 왜 이것을 해야 하는지 설명해주는 것들이다. 그리고 구속적이고, 우리 행동양식의 경계선이다. 핵심가치는 우리가 중요하게 여기고, 우리의 감정에도 불구하고 방향과 지도를 제시해 주는 것이다. 리더십을 주제로 글을 쓰는 저자들은 효과적인 리더의 일관성 있는 가치의 중요성에 대해 장기간에 걸쳐 더욱 관심과 주의를 기울이고 있다. 사업적이거나 정치적이고 교육적인 단체들, 교회, 가정, 그리고 개인들은 모두 그들의 핵심가치를 알고 그에 따라 살아가며 이익을 얻고 있다. 특히 사업에 있어서 핵심가치는 그 조직의 극히 중요하고 지속되는 사고체계이다. 짐 콜린스와 제리 포라스는 "모든 지속적이고 비전 있는 회사들은 그 그룹의 행동을 결정짓는 일련의 핵심가치를 가지고 있다"고 말한다.

    존 맥스웰 역시 핵심가치가 중요한 이유를 9 가지로 말하고 있다. 그것들은 "사역의 특성을 결정한다. 개인 참여를 조장한다. 무엇이 중요한지를 말해준다. 좋은 기회를 포용한다. 전체적인 행위에 영향을 준다. 사람들이 행동하도록 고취시킨다. 신뢰할 수 있는 리더십을 강화시킨다. 사역의 성공에 기여한다. 사역의 사명과 비전을 결정 한다"이다.

다윗 왕은 핵심가치를 시편 15편 1-5절에서 묘사하고 있다. 시편 15편 2절에서 다윗은 하나님의 임재하심을 기뻐하고 흠 없는 삶을 사는 사람은 바로 마음으로부터 진실만을 말하는 사람이라고 했다. 이러한 사람은 진실을 마음속에 가치를 두며, 그의 말은 진실을 표현한다. 친절에 가치를 두기 때문에, 다른 사람을 모함하지 않고 이웃에게 해를 끼치거나 모욕하지 않는다(3절). 정직함에 가치를 두기 때문에 손해가 나더라도 맹세를 지킨다(4절). 정의에 가치를 두기 때문에 그는 뇌물을 받고 죄 없는 사람들을 억울하게 하지 않는다(5절). 가치에 이끌리는 사람들은 하나님으로부터 매우 크고 좋은 것을 거두게 된다. 다윗은 "그러한 사람은 영원히 흔들리지 않을 것입니다"라고 말한다(5절).

핵심가치를 지닌 리더들은 주변에 무슨 일이 일어나더라도 올바른 원칙들이 그들의 가치를 형성하였고, 그들의 결정들을 인도하였다는 온전한 확신을 가지고 살아갈 수 있다. 시편에서 묘사된 사람의 행동을 이끄는 가치가 무엇인가 생각해 보라. 당신의 삶을 점검하면서, 당신의 행동을 이끄는 가치가 무엇인가를 볼 수 있는가? 우리 중 많은 사람들은 그러한 가치들을 가지고 있지만 우리의 행동들은 그것들에 의해 지배되지 않는 경향이 있다. 만약 그렇게 하려고 노력하지 않는다면, 우리는 다른 것들의 가치에 의해 매몰될 것이다. 효과적인 리더십의 첫 번째 단계는 핵심적인 가치를 분명히 규정하는 것이다. 그것이 이루어질 때까지 리더가 조종하고자 하는 배는 키, 즉 방향타가 없는 것이나 마찬가지다. 예수 그리스도의 가치의 첫걸음은 마태복음 6장 1-34절에 기록되어 있다. 예수께서는 그의 교훈을 19-21절에 초점을 두고 있다. 예수는 제자들에게 그들의 가치를 영원한 것을 품는 것에 두라고 말씀하셨다. '누구를 위해서 우리는 일하는가? 누구의 인정과 동조가 우리에게 중요한가?'

누가 우리의 삶에서 중요한 것을 정의하고 있는가? 본질적으로, 우리에게 핵심적인 가치는 예수님의 한 질문에 요약된다. "내가 하고 있는 것이 하나님을 기쁘게 하는가?" 모든 다른 가치들은 이것 다음이다. 이 가치가 제자리에 있을 때 다른 모든 가치들은 뒤에 줄을 선다. 마태복은 6장은 우리의 삶의 철학과 리더십을 형성해주는 가장 완벽한 대목이다.

사도 바울은 두 가지 욕망을 놓고 씨름했다. 바울이 이 두 가지 욕망의 핵심가치를 추적하였을 때, 그는 해결책을 찾아냈다(빌 1:21-24). 흥미롭게도, 바울은 죽음에 대한 참된 철학을 가지고 있었다. 그리고 참된 삶의 철학도 생기게 되었다. 그는 예수 그리스도와 같이 자신이 어디로 가는지 알고 있었다. 그가 자신의 궁극적인 목적지를 알고 난 후 그는 누구를 위해 또 무엇을 위해 살고 있는지를 이해하는 데에 자유로웠다. 우리의 삶은 우리의 궁극적인 운명에 비추어 보았을 때, 가치가 있는 것이다.

우리에게는 평생을 가치 있게 해주는 목표가 있어야 하고, 그 목표를 이루기 위해 우리의 행동들을 지배하고 성취하게 해주는 핵심가치가 있어야 한다. 바울은 빌립보서 1장에서 이렇게 말한다. "나는 그리스도를 위해 사는 데 목적을 두고 있기 때문에 죽는 것도 내게는 유익합니다." 바울은 그가 가치를 두었던 것을 분명히 해낼 때까지 그의 욕망들과 씨름해야만 했다. 우리는 모두 죽고 마는 존재이다. 누구도 우리가 이 땅에 얼마나 살는지는 알지 못한다. 사실 이것은 성경에서 가장 보편적인 주제이다. 우리는 이 땅에 속해 있지 않다. 이곳은 우리의 최종 목적지를 향해 가는 길에 여행을 하는 곳이다. 우리의 시민권은 하늘에, 천국에 있다. 그러므로 우리의 궁극적인 포부와 희망은 이 세상이 주는 어떤 것도 초월할 수 있어야 한다. 물론 즐거운 순간들이 분명히 있지만 아주 고통스러운 순간들도 있음을 알아야 한다.

사도 바울은 우리의 '일시적인 기쁨도, 현재의 고난도 우리 안에 드러날 영광에 비교할 가치가 없다(롬 8:18)'고 했다. 큰 고난도 시련도 일시적이고, 또한 그것들이 우리를 무엇인가 더 크고 위대한 것으로 인도한다는 것을 알 때 이겨내고 견뎌낼 수 있다. 또한 그렇게 하여 이곳에서의 시간이 얼마나 귀중한지, 끊임없이 채널을 바꾸어 가며 시간을 낭비하는 것이 얼마나 어리석은지를 깨닫게 된다. 삶의 끝에 서서 우리가 실제의 삶에 정신이 팔리고 매우 바빴다는 것을 깨달았을 때, 그것은 매우 끔찍할 것이다. 우리는 이 세상 사는 동안에 많은 관계를 형성하고 경험을 하고, 복음을 전하고 도움이 필요한 사람들을 섬길 수 있는 기회가 있다. 핵심가치는 예수께서 첫째이자 가장 중요한 계명으로 말씀하신 마태복음 22장 37절의 "네 마음을 다하고 목숨을 다하고 뜻을 다하여 주 너의 하나님을 사랑하라 하셨으니"로 요약될 수 있다. 이것이 우리가 귀중하게 여겨야 할 가치이며, 다른 모든 가치들이 빛나기 위해 반드시 통과해야 할 프리즘이다.

짐 콜린스와 제리 포라스는 리더에게 핵심가치와 변화 두 가지의 중요성을 이해하도록 도와준다. 선견지명이 있는 회사의 핵심가치는 단단한 기초를 형성하며 그 시대의 트렌드나 유행에 표류하지 않는다. 어떠한 경우에 핵심가치는 백년이 넘도록 손상되지 않고 온전히 남아있다. 그러나 그들의 핵심 이데올로기를 지키는 동안에, 선견지명이 있는 회사들은 자신들의 간직해온 핵심가치들을 타협하지 않으면서 변화하고 적응해나가는 성숙된 모습을 보여준다.

스위트(Leonard Sweet)는 교회 리더들에게 내용물과 용기 사이에 대해 이렇게 말해주고 있다. "물은 어떤 모양의 용기도 채우는 액체이다. 그 레시피를 조작하지 않는 한 그것을 희석시키지 않고, 걸쭉하게 하지 않고, 그것의 함유물을 분리하지 않는 이상 그 내용물은 똑같이 남아있다. 용기가 변하더라도 말이다. 예수 그리스도가 말씀하신 오래된 부대에 새 포도주를 넣지 말라는 것은 어떠한 형태나 용기의 우상도 만들 수 없음을 상기시켜준다. 우리는 교회의 형태를 내용물에 속하는 권위나 으뜸의 수준으로 올릴 수 없다. 복음의 미스터리는 이것이다. 항상 같지만(내용), 항상 변한다(용기). 사실 복음은 똑같이 남아있다. 그러나 변해야 한다."

마찬가지로 우리의 신앙이나 교회도 복음의 핵심가치는 고수하되 다가가는 형태는 시대와 상황에 맞게 변화할 필요가 있다.

## 08 위임과 팀

　위임은 리더가 가져야할 가장 중요한 기술이다. 위임은 리더십의 포기가 아니라 가장 심오한 형태의 리더십 행위이다. 사도행전 6장 1-4절과 출애굽기 18장 17-22절에 보면 위임하는 장면이 나온다. 아무에게나 위임하는 것이 아니라 기준이 있었다. 출애굽기 18장 21절에는 '능력 있고, 하나님을 경외하며, 진실하며, 불의한 이익을 미워하는 자'를 팀장으로 세웠다. 또한 사도행전 6장 3절에서는 '성령 충만하고 지혜가 충만해서 사람들에게 칭찬받는 사람들'을 세워 접대하는 것을 책임 있게 감당할 수 있도록 했다. 이처럼 팀이란 다른 사람들을 보완해 줄 수 있는 재능을 가진 소수의 사람들로, 차이점을 이해하고 상호간의 신뢰를 바탕으로, 정해놓은 공통의 비전을 향해 주인의식을 갖고 목표지향적인 접근방식에 헌신된 사람들로서 이루어져야 한다. 그리고 이들은 자신이 팀원인 것을 자랑스럽게 여기게 만든다.

　좋은 오케스트라의 장기적인 매력은 그것이 '솔로'가 아니라 '심포니'라는 것이다. 음악은 많은 개개인의 다양한 악기들이 섞이고 균형이 맞을 때 감동적이다. 듣기 좋은 바이올린과 우레 같은 튜바를 섞고, 우울한 첼로와 프렌치 호른을 더해보자. 그러한 개인적인 다양한 악기들은 다름 아닌 우리를 그것들과 함께 또 다른 장소로 데려가기 위한 아름다운 소리를 만들기 위해 함께 온다. 이처럼 콘

서트홀에서 성공을 가져오는 똑같은 원칙이 부엌에서도 마찬가지로 주어진다. 훌륭한 주방장은 밀가루, 달걀, 버터와 같은 그것 자체는 매력이 없는 재료들을 적절히 혼합하여, 그것들이 군침이 도는 요리가 되게 한다. 마찬가지로, 훌륭한 리더는 다양한 요소들을 어떻게 함께 가지고 생산적인 그룹을 창조해 내는지 반드시 알아야 한다. 팀을 만드는 것보다 리더십에 있어서 더 중요한 것은 많지 않다. 훌륭한 리더의 표시는 자신의 라인업에 들어오도록 설득할 수 있는 사람의 수와 반경이다.

삼위일체의 하나님 역시 절대 독립적이지 않다. 그분은 항상 협력하여 일하신다. 창세기 1장 1절에는 모든 창조의 디자이너이신 하나님이 소개된다. 두 번째 구절에는 창조된 세상 위로 떠다니는 하나님의 영을 묘사한다. 그 영은 창조된 세상을 건설하지 않고 단순히 그 위로 떠다닌다. 감독관과 보호자 역할을 하면서 떠다니는 점을 주목하라. 결국, 세 번째 구절에서 하나님 말씀의 실행자, 창조의 에이전트를 찾아낸다. 이러한 완벽하고도 조화로운 상호작용은 에베소서 1장 3-14절에 나오는 하나님께서 이전에 멀어졌던 사람들을 그의 사랑하는 자녀로 바꾸시는 방식과 같은 것이다(엡 1:3-6). 하나님 아버지께서는 우리를 창조 전에 선택하셨으며, 세상에 그분의 아들을 보내셔서 그분을 통하여 그분의 가족으로 입양되도록 하셨다. 하나님 아버지는 시작이며 우리 구원의 디자이너이시다(엡 1:7-12).

아들은 하나님 아버지의 계획을 현실로 만드신다. 이러한 성육신

안에서 그는 하나님이시면서 인간이 되신다. 그분은 하나님과 인간 사이의 중재자이시다. 우리를 대신한 그의 피 희생제물은 우리의 죄값을 치렀으며, 우리는 용서를 받았고, 우리의 삶을 향한 하나님의 목적과 의도를 알 수 있게 되었다. 아들 하나님은 우리 구원의 대리인이시다. 바울은 우리의 영적인 상속을 확정하시고 보증해주시는 성령의 일하심을 묘사한다(엡 1:13-14). 성령은 예수 그리스도의 의로우심을 예수 그리스도 안에 있는 모든 자들에게 적용하신다. 그분은 우리에게 기름을 부으시고, 약속으로 우리를 붙들고 계신다. 그리스도께서 우리를 얼굴과 얼굴로 마주 보실 때까지, 하나님의 영은 우리 구원의 보호자이시다. 그래서 하나님 아버지는 구원을 시작하셨고, 그분의 아들이 그것을 이루셨고, 성령은 우리 삶에서 그것을 실제로 만드신다. 하나님, 아들, 성령, 삼위일체의 하나님은 뚜렷한 역할을 수행하신다. 그러나 그들은 완전한 조화와 일치로 함께 일하신다.

다윗 왕은 구약 전체에서 가장 유명하고 강력한 팀 리더였다. 첫째로, 다윗은 전쟁에서 그의 사람들과 시간을 보냈다. 우리는 어려운 역경을 통해 팀과 함께 곁에 머물러야 한다. 우리는 함께 공유하는 경험들을 통해 진지하게 결합하는 경향이 있다. 둘째로, 다윗은 그들이 자신을 위해 희생을 기꺼이 하려는 것을 알고 있었으며, 다윗도 그들을 위하여 희생을 기꺼이 하리라는 것을 반드시 알게 했다(삼하 23:13-17). 우리는 진정으로 우리 팀에게 우리 자신을 헌신해야 한다. 셋째로, 다윗은 팀 멤버들과 함께 승리를 축하하였다. 몇 번이고 되풀이해서 다윗과 그의 강력한 사람들은 겉보기에 대처할 수 없어 보이는 역경에 직면했지만 하나님께서 그들을 구해주신 것을 보았다. 우리는 승리를 알아차려야 하며 그것들을 우리의 팀 멤버들과 함께 축하하는데 시간을 들여야 한다. 마지막으로, 다윗은 그의 친구들을 존경해 주었다. 이 사람들은 다윗 왕 시대에 '다윗의 강력한 사람들'로 알려져 있다(삼하 23:8-17, 대상 11:10-11).

예수께서는 그분을 따랐던 많은 사람들 중에서 오직 열두 명만을 그의 사도가 될 사람으로 지명하셨다. 이것은 주님께서 밤새 그들을 세우기 위해 기도했던 매우 중요한 결정이었다(눅 6:12-13, 막 3:14). 예수께서는 이것이 그의 남은 사역 가운데 함께 있게 될 팀이라는 것을 아셨고, 그분은 자신을 그들의 삶 속에서 시중을 받지 않고 쏟아 부을 준비가 되어 있으셨다. 그분은 여전히 군중들을 가르치실 수도 있었지만, 그분은 이 시점에서 자신의 계획과 모든 것을 열두 제자에게 쏟기 시작하셨다. 그분의 인기가 높은 가운데서도, 예수께서는 세상을 뒤집을 방법은 리더가 떠난 후 미션을 수행할 소수의 제자들에게 아주 많이 투자하는 것이라는 점을 깨달았다. 이천 년이 넘게 지난 후에, 그 방법이 아주 효과가 있었음을 우리는 증명할 수 있다. 왜냐하면 열한 명의 제자들이 교회의 기초가 되었고, 그리스도의 주춧돌로 세워졌기 때문이다(엡 2:19-20).

위대하신 리더 예수께서는 승천하실 때 120명, 70명, 12명 그리고 3명을 준비해 두셨다. 그러므로 리더십에는 인재의 양성과 배출에 대한 결심이 요구된다. 위대한 리더들의 시금석은 그들의 추종자의 크기가 아니라, 리더들이 그 다음 세대를 끌어들이고 의도적으로 개발하느냐의 여부에 있는 것이다. 위대한 리더들은 의도적으로 인재 양성에 힘쓴다. 알베르트 슈바이처(Albert Schweitzer)에 의하면, "'본보기'는 다른 사람에게 영향을 끼치는 일 가운데 중요한 것이 아니다. 그것은 유일한 것이다." 이같이 모든 조직은 언젠가 그 리더의 길이만큼 그리고 그림자만큼 되는 것이라고 하겠다. 위대한 리더들은 항상 스스로를 재생산하고 배가시킬 준비를 하고 있다. 그것은 위대한 리더의 주요 책임 중 하나이다. 즉 리더십을 재생산하고 배가시킬 준비를 갖추는 것이다. 제자 삼는 리더가 되었는지 알아볼 수 있는 시금석은 그가 멘토링 한 믿음의 자녀가 다른 자녀를 성공적으로 멘토링 하여 계속해서 훌륭한 믿음의 자녀를 만들어 가는 것에 있다.

팀들은 각 위치에 있어 전문가들로 구성된다. 이러한 개개인은 개인적인 능력과 기대되는 공헌에 기초하여 선발된다. 그러나 그들의 개인적인 힘들이 멤버 혼자서는 생산해 낼 수 없는 결과를 만들어내도록 제각기 결합이 되기까지는 견고한 팀이 아니다. 높은 성과를 내는 팀을 구축하기란 어렵다. 그래서 우리는 주님을 통해 세계적인 수준의 팀을 만들고 형성하는 방법을 알 수 있다. 예수께서는 만들었던 팀들 중 가장 중요한 팀을 형성하셨다. 그분의 팀은 그분의 사역을 이 땅에서 계속 이어가도록 발전시켜 나갔다(행 1:8-9). 누가는 사도행전에 사도들의 계속되는 이야기를 기록하였다. 그들이 이끌었던 교회는 예루살렘 밖으로 퍼져 나갔고, 세계로 그리고 2천년이 넘도록 퍼져 나갔다.

팀은 근본적으로 전문가를 요구한다. 전문가들은 종종 개성과 관점이 다르다. 팀 멤버들은 서로 성장하고, 그들의 세상을 변화시키는 것을 돕기 위해 서로 힘을 결합해야 한다(갈 6:2-5). 팀은 어떤 개개인이, 얼마나 재주와 은사가 많다 하더라도, 혼자서는 할 수 없는 것들을 달성할 능력이 있다. 시너지효과는 다양한 부분이나 과정에 함께 참여함을 통하여 생성되는 에너지나 힘이다. 시너지효과는 구성요소의 상호작용, 즉 결합되었을 때, 개개인의 파트보다 더 큰 합계의 결과를 생성하는 것으로 정의할 수 있다. 시너지효과는 팀의 각 구성원의 효율성을 증대시키는 공동 작업이다. 기능을 잘하기 위해서는, 어떠한 한 구성원의 진보가 아닌 전체의 개선과 향상을 위해서 반드시 기꺼이 결속하여 일해야 한다. 그러므로 팀 성공을 위해 알아야할 5 가지는 '각 팀원에게 해야 할 것을 분명하게 말하라. 팀원에게 잘 할 수 있는 기회를 주라. 팀원들 상호관계를 알려주라. 가르칠 점은 바로 가르치고 맡길 것은 확실히 맡겨라. 팀 안에 공헌한 바가 있을 때는 상을 주라' 이다.

## 09 대인관계

직장에서의 사람들의 대인관계 기술의 가치는 거의 과장될 수 없다. 지그 지글러(Zig Ziglar)는 "사람들이 직장을 구하고, 그 직장을 유지하고, 그 직장에서 순조롭게 나아가는 15 퍼센트의 이유는 그들의 전문적인 기술과 지식에 의해 직업과 차이 없이 결정되지만, 나머지 85 퍼센트는 (스탠포드 대학과 하버드대학 그리고 카네기 단체를 인용하여) 대인관계 지식과 그들의 대인관계 기술과 관련이 있다"고 말하고 있다. 그것은 우리의 직장에서 인간관계의 중요성을 강조하는 것이다. 그리고 인간관계가 직장에서 그렇게 중요한 역할을 한다면, 리더인 우리에게도 매우 중요하다. 결국 리더십은 사람의 관계에 관한 것이다. 좋은 대인관계 기술을 가지고 있다고 해도 좋은 리더가 아닐 수는 있겠지만, 대인관계 기술 없이 좋은 리더가 될 수는 없다.

아리스토텔레스는 "비록 다른 모든 재능을 가졌다 하더라도, 아무도 친구가 없이 살기는 원하지 않을 것이다"라고 말했다. 그는 25%의 부분을 우정, 친구관계에 전념하여 썼다. 왜 그는 인간의 도덕적 행동의 논문을 우정, 친구관계에 전념하여 썼을까? 아리스토텔레스의 대답은 결코 구식의 답변이 아니었다. 그리고 그것은 사실 21세기의 초반에 살고 있는 우리에게 진정한 우정, 친구 관계에 관한 깊은 차원의 관점을 제공한다. 아리스토텔레스에게 진정한 친구관계는 단순한 동료애, 상호간의 취미 공유, 아는 사람의 일반적 네트워크 그 이상의 것이다. 리더십이란 기술이다. 학습되고 실행하고 습득되어서 통달되는 요령과 기술 그런 것이다. 효과적인 리더십은 리더들이 일구고 가꾸는 관계적인 기술에 있다. 리더들은 다른 사람들을 더 높은 수준의 달성이나 성취를 하도록 박차를 가하고 자극하는 사람들이다. 그렇게 함으로써 그들은 자신의 사람들을 리더들로 바꾸는 것이다.

성경은 모두 관계에 관한 것이다. 교회 역사에 가장 위대한 신학자들은 이러한 관점에 동의했다. 분명히, 첫 번째 예시는 예수 그리스도이시다. 그분께서 하나님 중심의 삶을 요약하셨을 때, 그것은 매우 단순한 것이라고 말씀하셨다. 하나님을 사랑하고 다른 사람을 사랑하라는 것이었다(막 12:28-31). 나중에, 초기 교회의 위대한 신학자 성 어거스틴은 성경에서 우리에게 가르치고자 의도된 것은 '어떻게 하나님이나 우리 이웃을 사랑할 것인가에 관한 것'이라고 말했다. 천년도 더 지나서, 개종된 마르틴 루터는 그리스도인의 전체의 삶은 우리 주변의 사람들과 관계를 맺는 것으로 구성되어 있다고 말했다. 특히 우리의 이웃을 섬기는 것으로 구성된다는 말이다.

하나님께서는 완벽한 공동체 안에 존재하실 뿐만 아니라, 그분은 성령님의 내재하심과 예수 그리스도의 피 값을 통하여 우리가 그분과 관계에 들어올 수 있도록 하셨다. 물론 이것은 아주 오래전 옛날의 이야기다. 불행하게도 우리의 시대에, 이러한 친숙한 이야기는 그 힘과 호소력을 잃었다. 미스터리와 호기심도 사라졌다. 그러나 그것은 모든 세상에서 유일한 훌륭한 이야기다. 그리고 그것과 같은 것은 전에도 없고 후에도 없다. 하나님께서는 그분의 자비와 지혜로, 우리 스스로 자신을 구원할 수 없음을 완전히 이해하시기에 우리의 구원을 시작하셨다. 하나님께서는 그분의 간단한 초대를 받아들이는 자에게는 자유롭게 용서를 주신다. 그분은 차례차례 이러한 관계를 원하시고 다른 사람들과의 관계에서도 만들고 보이기를 원하신다. 그래서 하나님께서는 우리에게 단순히 구원을 주시는 것을 넘어 우리가 이러한 초대를 받아들이면, 그분은 우리에게 다른 사람을 적절하게 사랑할 수 있는 능력을 불어넣어 주신다.

예수께서 어떻게 그 질문에 대답하셨는지 기억하라. '하나님을 사랑하고 이웃을 사랑하라' 이다. 예수 그리스도의 시대에 종교적인 리더들에게는 모세의 율법에서 613개의 법이 있었다. 모세의 성문화된 많은 법들이 십계명의 해설이다. 십계명은 하나님과 사람의 관계, 사람과 사람의 관계의 계명으로 나눌 수 있다. 그래서 예수께서는 모든 계명을 분류하여 대단히 중요한 두 가지 원칙으로 나누신다. 하나님을 사랑하고, 이웃을 사랑하라는 것이다. 사랑하는 사람은 율법을 이행하는 것이다. 하나님은 사랑이시다. 그리고 우리를 말로만이 아닌, 실천으로 실제 보이는 방법으로 사랑하는 사람들이 되도록 부르신다. 사실, 적절한 관계의 중요성은 성경에서 가장 중심이 되기 때문에, 의로움은 단지 법적인 상태가 아니라, 오히려 관계적인 개념이다. 하나님과 그리고 다른 사람들과 선함과 정의, 애정 어린 관계를 언급하기 때문이다. 의로움(정의)은 하나님과 다른 사람들과의 '올바른 관계'이다.

사람의 삶의 마지막에서 사람들이 일반적으로 후회하는 것은 아직 완성하지 못한 일이 아니라 '완성하지 못한 관계'일 것이다. 사랑의 하나님은 우리를 그분의 형상, 즉 깊고 의미 있는 방법으로 다른 사람들과 관계할 수 있는 능력으로 창조하셨다. 그러나 우리가 관계를 단절하고 적으로 살아가는 것을 배우는 데는 오래 걸리지 않았다. 그러한 세상에서 살아가는 두 가지 방법이 있다. 복수의 방법과 화해의 방법이다. 한 길은 죽음으로 가지만, 다른 길은 생명으로 간다. 관계는 하나님의 왕국의 화폐이다. 삶에서 승리한 사람은 가장 많은 장난감을 가진 사람이 아니라, 최고의 관계를 가진 사람이다. 아무도 삶을 혼자서 헤쳐 나갈 수 없다. 왜냐하면 조만간 우리는 모두 넘어질 것이기 때문이다. 보통 우리는 스스로 다시 일으켜 세울 충분한 내면의 힘을 가지고 있다. 그러나 우리 모두에게 우리 스스로 할 수 없다는 것을 발견하는 시간이 온다. 그 시간은 우리가 다른 사람으로부터 진정한 도움이 필요한 시간이고, 우리의 진정한 관계의 필요성을 발견하는 때이다. 사람들은 관계성을 원한다(고전 12:26). 교회 안의 현실을 들여다보면 하나님과의 수직적인 관계 그리고 다른 사람들과의 수평적인 관계의 균형성이 필요해 보인다.

## 10 커뮤니케이션의 유능성

조직의 성공과 실패를 결정지을 수 있는 의사소통 능력개발이 시급하다고 본다. 대부분의 사람들이 오해하는 것 중의 하나는 커뮤니케이션은 연습하지 않아도 자연스럽게 되는 것처럼 생각한다는 것이다. 그렇게 생각하기 때문에 커뮤니케이션의 능력이 조금도 자라지 않는 것이다. 물론 선천적으로 커뮤니케이션 능력을 타고난 사람들도 있다. 하지만 커뮤니케이션의 능력을 발전시키기 위해서 일생 동안 노력을 해야 한다는 것을 아는 사람은 그리 많지 않다. 테드 앵스트롬은 커뮤니케이션에 대해 이렇게 말하고 있다. "커뮤니케이션이 될 때 투명하고 조직 내 모든 사람들이 그들이 아는 것처럼 같이 인식하게 되며, 피드백도 자동으로 될 것이다. 또한 성공적인 커뮤니케이션은 듣는 것에 달려있다. 청취의 가장 좋은 방법 중 하나는 맞장구이다. 이처럼 표현하는 것은 쓰인 문구보다 훨씬 효과적이다. 구성원들의 의견에 열린 마음을 가져야 쉽게 커뮤니케이션이 된다. 뿐만 아니라 커뮤니케이션은 커뮤니케이터가 그의 메시지가 잘 받아들이고 정확하게 이해될 때까지 완전한 것은 아니다. 그러므로 말하고자 하는 것이 뭔지 심사숙고하는 계획된 커뮤니케이션이 효과적이라 하겠다."

쉐퍼(Francis Shaeffer)는 『거기계신 하나님 그리고 그분은 침묵하지 않으신다』(He is there and He is not silent)라는 책에서 "무한하시고 개인적으로만 존재하실 뿐만 아니라, 그분은 커뮤니케이터(의사전달자)로서도 존재하신다"고 했다. 이것은 하나님께서 존재하실 뿐만 아니라, 그분은 선지자와 제자를 통하여 그분의 백성들과 의사소통을 하셨고, 가장 결정적으로 성육신하신 아들을 통하여 개인적으로 나타내셨다는 말이다. 사람과 관계의 존재로서, 하나님은 의사 전달자이시다. 베리(William Barry)는 "하나님은 우리가 그것을 알든 모르든 우리와 의사소통하신다. 그분은 우리가 그분께서 그렇게 하고 계시다는 것을 모르고 있을 때조차도 자신을 우리와 함께 나누고 공유하신다"고 했다. 이처럼 리더십의 커뮤니케이션 능력은 자신의 의사를 정확하게 전할 수 있는 능력이다. 사람들에게 비전을 제시하고 동기부여해서 책임을 위임하고 제반사를 결정함에 있어서 실증되는 리더의 유능성은 커뮤니케이션의 능력에 있다.

  만약 죽은 조직을 살리기 위해 가장 시급히 해결해야 할 과제가 있다면 조직 내에 건전한 의사소통 체계를 부활시키는 것이다. 피터 드러커(Peter F. Drucker)는 "인간에게 있어서 가장 중요한 능력은 자기표현이며, 현대의 경영이나 관리는 커뮤니케이션에 의해서 좌우된다"고 하여 커뮤니케이션의 중요성을 강조하였다. 미국에서 가장 영향력 있는 중개인 가운데 한 사람인 로버트 딜렌슈나이더(Robert Dilenschneider)는 자신의 저서 『힘과 영향력』에서 힘의 삼각 구도 개념을 소개하였다. 그의 삼각 구도란 '의사소통, 인식, 영향력'이다. 이것은 당신이 무슨 일을 하든지 처음에는 그 내용을 효과적으로 전달하는 것부터 시작한다는 것이며, 그 전달을 통해 사람들은 인식하게 되어 결국 영향을 받게 된다는 것이다. 스티븐 코비도 커뮤니케이션은 인생을 사는 데 가장 중요한 기술이라고 주장한다. 따라서 청중들을 이해하려 하고 그들의 생각과 의견에 공감하는 피드백의 커뮤니케이션 능력이 필요하다. 이같이 인간의 가장 기본적인 커뮤니케이션 능력은 타인의 관점에서 사물을 보는 능력에서 시작된다. 이를 심리학에서는 '관점획득'이라고 한다.

  세상에는 세 종류의 교수가 있다고 한다. 첫 번째 부류의 교수는 어려운 이야기를 무척 어렵게 하는 교수다. 대부분의 교수가 그렇다. 남이 어떻게 이해할지는 별로 안중에 없기 때문이다. 그렇기 때문에 교수들 중에는 남의 말귀를 못 알아듣는 사람이 그렇게 많은 것이다. 두 번째 부류의 교수는 아주 어려운 이야기를 알기 쉽게 설명해주는 사람이다. 참 드물다. 마지막 세 번째 부류의 교수는 정말 쉬운 이야기를 아무도 못 알아듣게 설명하는 사람이다. 황당하지만 가끔 있다고 본다. 남을 가르치는 교수라고 해서 대인관계에서 나타나는 타인의 관점획득 능력을 다 갖추고 있을 수는 없는 것이다.

## 11 효과적인 커뮤니케이션

커뮤니케이션은 단지 말보다 그 이상의 것을 포함한다. 그것은 로고스(단어와 컨셉), 에토스(행동과 캐릭터), 그리고 파토스(열정과 동정) 등을 포함한다. 명확한 커뮤니케이션은 우리가 말하는 것, 우리가 하는 것, 그리고 우리가 누구인지에 대한 것이다. 거기에는 반드시 진실성과 일치가 있어야 한다. 우리의 커뮤니케이션이 믿을 만하고 설득력이 있기 위해서 말이다. 많은 부모들이 그들 스스로도 가지지 않은 도덕적인 표준들을 그들의 자녀들이 가지고 자라도록 요구하는 것은 헛된 일이다. 하나님을 사랑하지 않으면서 자녀들에게 하나님께 순종하라고 가르치는 것은 무의미하다. 그리고 자기 스스로 하나님을 사랑하지 않는다면 자녀들에게 하나님을 사랑하라고 가르치는 것 자체가 불가능하다. 진실은 말과 일의 일관성을 통하여 가장 효과적으로 공포되어진다(잠 2:1-5). 아버지가 아들에게 지혜를 구하라고 간청할 수 있었던 이유는 아들이 아버지가 똑같이 하시는 것을 보았기 때문이다. 스스로 하나님을 경외하지 않으면서 자녀에게는 하나님을 경외하라고 가르치려고 노력하는 부모는 자신이 본 적이 없는 것을 묘사하려고 시도하는 사람과 같은 것이다.

시편 19편에 하나님께서 우리와 커뮤니케이션 하시는 두 가지 방법을 묘사하고 있다. 일반적 계시와 특별한 계시이다(시 19:1-6). 첫 번째 여섯 구절은 하나님께서 힘과 질서와 자연의 아름다움을 통하여 그분의 일반적인 계시를 드러낸다. 이러한 계시는 일반적인 것이다. 왜냐하면 모든 사람들에게 가능하기 때문이다. 그러므로 누구도 하나님의 존재에 대해 무지하지 않다. 이어서 자연을 통한 일반적인 계시에서 특별한 계시로 옮겨간다(시 19:7-11). 하나님은 성경 속에서 소통하시고 단순히 우리에게 알려주실 뿐만 아니라, 우리를 변화시키고 바꾸어주신다.

신약은 이러한 정서에 완전히 일치한다(딤후 3:16-17, 히 4:12-13). 성령은 우리가 열린 마음과 성경을 열고 그분의 존전으로 나오면, 성경을 통하여 우리에게 말씀 하실 것이다. 성경 속에서 그분은 자신이 누구인지, 우리에게 무엇을 원하시는지, 우리가 어떻게 응답할지, 우리에게 내재하는 디자인에 따라 어떻게 우리의 삶을 명령할지 커뮤니케이션하신다.

하나님의 커뮤니케이션의 가장 높은 형태는 예수 그리스도를 통한 그분의 개인적인 계시이다. 하나님께서 솔선수범하셨기 때문에 그분은 우리가 그분을 알게 해 주셨고, 그분은 우리가 성경말씀과 기도를 통하여 개인적으로 커뮤니케이션할 수 있도록 해 주셨다(마 11:27). 예수께서는 자신이 영감을 준 성경이나 자신이 만드신 교회나 자신의 죽음을 통해서 커뮤니케이션 능력을 보여주셨다. 만일 리더가 제대로 커뮤니케이션할 수 없다면 그 조직을 이끌어 갈 수 없다. 마찬가지로 영적인 리더 역시 신학자 그 이상이다. 그는 유능한 설교자, 거룩한 메시지의 전달자여야 한다. 효과적으로 커뮤니케이션 하지 않으면서 대규모의 추종자를 이끌었던 리더는 없다. 커뮤니케이션은 '한 사람이나 그룹에게서 다른 사람들에게 이해를 전하기 위해 우리가 거치는 과정' 이다.

좋은 의사 전달자가 되는 비결은 무엇보다 사람을 이해하는 것이다. 그 다음은 자신이 다룰 주제를 완전히 알 필요가 있다. 그런 뒤 적절한 분위기를 파악하거나 창출해야 하며, 마지막으로 자신이 커뮤니케이션을 잘하고 있는지 알기 위해 피드백에 귀를 기울여야 한다. 영적 리더는 언제나 자신의 커뮤니케이션 능력을 향상시킬 방법을 찾아야 한다.

과거 수직적 체계에서 권력이 권력자에게 쏠려 있어 일방적 전달 방식의 커뮤니케이션을 해도 커뮤니케이션이 가능했다면, 지금은 수평적 체계에서 권력이 대중에게 옮겨졌기 때문에 여러 방향으로 커뮤니케이션을 해야 하는 상황이 되었다. 더군다나 접속시대인 수평적 구조 사회에선 수직적이고 경직된 커뮤니케이션의 체계로는 효과적인 커뮤니케이션을 해 나갈 수가 없다. 효과적인 커뮤니케이션이 이루어지려면 자신이 주도권을 갖는 자리에서 타인에게 주도권을 내어주는 상황이 종종 발생하기도 한다. 그러므로 리더가 다른 사람들에게 동기를 부여하고 영향을 미치기 위해서는 먼저 그들의 부르짖음을 들음으로써 그들의 필요, 열망, 문제, 아픔 및 상처를 제대로 파악해야 한다. 이처럼 커뮤니케이션에 있어서 방법이나 기술보다 더 중요한 것은 상대방을 아는 것이라 본다. 리더들 중에는 상대방을 전혀 알지 못하거나 알려고도 하지 않은 채 메시지만 소리 높여 전하려고 하는 이들을 종종 볼 수 있다.

그러므로 진정한 커뮤니케이션을 위해서는 최소한의 조건이 필요하다는 사실을 말해준다. 첫째, 화자의 말이 청자에게 이해 가능해야 한다(이해 가능성). 이는 사실상 의사소통을 위한 가장 기본적인 조건이다. 둘째, 화자의 말이 명제적 차원에서 거짓이 아니어야 한다(진리성). 셋째, 아무리 화자가 참된 명제를 전달했다고 하더라도 그 말이 효과가 있으려면 화자와 청자 사이에 형성된 관계에 부합해야 한다(적합성). 넷째, 화자는 진실한 자세로 말을 해야 한다(진실성). 그렇지 않으면 청자는 그의 말을 거부할 것이고 이는 곧 커뮤니케이션의 불가능을 초래할 것이다. 하버마스는 이러한 네 가지 조건을 '타당성 요구'로 정의한다. 이 타당성 요구가 완벽하게 실현될 때라야 비로소 참된 커뮤니케이션이 이루어질 수 있는데, 타당성 요구가 실현된다는 것은 곧 커뮤니케이션이 주체와 주체 사이에서 개방적으로 이루어지고 있음을 뜻한다. 여기서 중요한 단어는 주체(갑)와 객체(을)가 아닌 주체(갑)와 주체(갑)란 단어이다.

이러한 커뮤니케이션을 위해서는 상대방을 먼저 파악하는 데에서 시작해야 할 것이다. 커뮤니케이션이 어렵다는 것은 그 대상이 가장 복잡한 생물체인 인간이기 때문이다. '아 다르고, 어 다르다'는 말처럼 인간의 커뮤니케이션은 단순한 의미 전달뿐만 아니라 감정의 수위까지도 그대로 전달된다. 또한 상대에 따라 장소와 시간에 따라서 해야 될 말이 있고 하지 말아야 될 말이 있다. 아리스토텔레스의 『니코마코스 윤리학』의 한 구절은 이러한 우리의 고민을 적절하게 말해 주고 있다. "누구나 화를 낼 수 있다. 그건 쉬운 일이다. 그러나 알맞은 사람에게, 알맞은 정도로, 알맞은 시간에, 알맞은 목적으로, 그리고 알맞은 방식으로 화를 내는 것, 그것은 쉽지 않다." 커뮤니케이션도 마찬가지라고 생각한다. 누구나 커뮤니케이션을 할 수 있다. 그러나 알맞은 사람에게, 알맞은 정도로, 알맞은 시간에, 알맞은 목적으로, 그리고 알맞은 방식으로 커뮤니케이션을 하는 것, 그것은 쉽지 않은 것이다. 커뮤니케이션(communication)이란 단어는 'common'에서 유래한다. 그것은 공통된 화제가 있을 때에 사람과 사람 간에 커뮤니케이션이 이루어짐을 의미한다. 하나님께서 인간과 커뮤니케이션하기 위해서 하늘 보좌를 버리고 인간의 모습으로 내려 온 것도 그런 맥락과 일치한다. 그러므로 커뮤니케이션만큼 어려운 것은 없다. 상황이나 상대 그리고 내용에 따른 가장 효율적인 커뮤니케이션의 방법은 그때마다 다를 수밖에 없고 정답이 있는 것도 아니다.

그렇지만 최소한 정확한 커뮤니케이션에는 몇 가지의 원칙들이 존재한다. 첫째는 상대와 나의 상식이 다를 수 있다는 점을 인정하는 것이다. 둘째, 사용하는 말의 뜻이 사람마다 다를 수 있다는 것을 인식하는 것이다. 셋째, '자기가 아는 만큼만 볼 수 있다' 는 것을 인식하는 자세가 중요하다. 따라서 다른 사람과 이야기할 때는 '내가 틀릴 수도 있다' 는 열린 생각을 갖는 것이 필요하다. 넷째, 감정이나 체면을 경계해야 한다. 다섯째, 정직하고 솔직한 커뮤니케이션이 필요하다. 인간관계는 커뮤니케이션을 통해서 시작되고 발전하고 깨어진다. 모든 인간관계는 서로의 의사를 전달함으로써 비로소 형태를 갖추게 되는 것이다. 즉 한 사람의 풍요로운 인생은 이러한 커뮤니케이션의 원칙에 따라 끊임없이 개선하려는 노력을 얼마나 많이 하느냐에 달려있는 것이다.

효과적인 커뮤니케이션을 위한 7가지 원칙으로는 '진실하게, 요점만 간단히, 의견존중, 비난금지, 판단금지, 경청, 피드백 질문' 이라 할 수 있겠다.

Part 4

# 감성 리더십

## 01 감성 커뮤니케이션

　컴퓨터와 인터넷의 접목은 앞으로 어떤 커뮤니케이션의 시대를 맞이할지 예측하기 너무 어려운 초고속의 변화 시대를 열어가고 있다. 과거의 권력이 매스미디어를 통해 알리고 싶은 정보와 메시지를 일방적으로 전파하여 대중과 커뮤니케이션했다면, 오늘의 권력은 다양한 미디어를 통해 여러 방향으로 커뮤니케이션한다. 그리고 일방적인 커뮤니케이션의 시대에 살던 대중은 단지 그 메시지를 수용하는 수밖에 없었다. 하지만 인터넷과 같은 미디어가 보편화되면서 대중은 과거와 같은 일방적인 메시지를 무시하고, 때로는 TV와 신문이 전하는 메시지와 전혀 다른 결론을 내리기도 한다. 그 과정에서 일부 대중은 매스미디어와 충돌하기도 한다. 이제는 매스미디어가 아니라 대중이 통제의 힘을 가진 시대가 되어버렸다. 예를 들어본다면 최근에 무서운 속도로 국내 이용자들을 늘려가는 페이스북과 트위터가 이를 증명해준다.

페이스북이나 트위터는 개방성을 기본으로 하기 때문에 이들 네트워크에서의 대화는 순식간에 사람과 사람으로 연결되어 상상하지 못하는 전파력으로 확산된다. 따라서 이런 시대의 흐름에 따라 과거에 흔히 볼 수 있었던 군대의 상사처럼 명령만 전달하는 수직적인 체계를 고집하는 리더는 뒤떨어진 리더로 파악되고 있는 형국이다. 대신 현대 사회에서는 서로 동등한 관계를 중요하게 생각하는 수평적인 관계의 리더를 원하고 있다.

그러므로 이제는 감성적인 경영 방식으로 바뀌어야 하는데, 실제로도 이렇게 점차 바뀌어 가고 있다. 감성적 경영이란 경영자와 구성원들이 조직을 위해 서로 동화되고, 경영자는 권위를 내세우기보다는 구성원들과의 대화를 선택하여 조직을 발전시키는 경영 방법을 말한다. 이러한 감성적인 리더십은 구성원들의 마음을 움직여서 능동적인 참여를 유발시키고 창조적인 생각을 가능하게 한다. 이러한 감성 리더십의 핵심에는 조직의 내부 커뮤니케이션의 변화가 가장 큰 역할을 담당한다.

이와 같은 감성지수를 높이는 데 필요한 커뮤니케이션의 방식을 감성 커뮤니케이션이라고 할 수 있다. 특히 감성 커뮤니케이션은 과거 권위적인 조직 문화를 탈피하고 구성원의 의사결정 참여도를 높이고, 자율적이고 창의적인 의사표명을 권장하며, 구성원 간 열린 의사소통의 기회를 늘리는 데 주력하고 있다. 감성 경영의 필요성을 충족하기 위해 리더들은 가장 우선적으로 '칭찬', '격려', '재미', '흥분', '유머', '인격적인 대우와 인간적인 배려' 등에 기반을 둔 새로운 커뮤니케이션의 틀을 만들어야 한다. 즉 '감성 커뮤니케이션'이라는 새로운 패러다임을 만들어내야 한다. 덴마크의 미래학자인 롤프 옌센은 정보화 사회의 다음 주자인 드림 소사이어티가 이미 도래해 우리 일상생활 속에 뿌리내리고 있다고 진단한다. 드림 소사이어티(Dream Society)는 명예나 부가 지식에 의해서가 아니라 감성과 아이디어, 정서적인 가치에 비례하며, 더 이상 지식에 얽매여 좌뇌 중심의 사고의 틀에 갇혀서는 창의적인 성과를 낼 수 없다고 주장하고 있다.

이처럼 현대인은 하이테크의 첨단 문명의 혜택을 받고 있다. 그것이 진보이며 혁명적인 변화라고 스스로 말한다. 하지만 하이테크만으로는 부족하다. 하이테크만 살아있고 하이터치가 없으면 문명은 살아 있고 인간은 죽어 있는 이상한 괴물 집단으로 변할 것이 뻔하다. 여기에 펀(Fun)한 세상을 가미해 나가지 않으면 갈수록 그저 뻔한 세상에 갇히게 될 것이다. 하이테크와 하이터치의 절묘한 조화를 이루어 나가는 것이 창조요 성과이며, 인간다움이다. 지식은 터질 듯이 많은데 감성이 메말라 있다면 드림 소사이어티 시대를 이끌어 갈 수 없다. 이제는 좌뇌와 우뇌의 조화를 통한 리더십을 발휘하는 리더가 성공할 수 있고 인정받는 시대가 되었다. 즉 군림하는 리더가 아니라 매너와 에티켓으로 무장하고, 유머 감각으로 대화를 이끌어서 상대방의 마음과 머리를 열어주는 새로운 리더를 원하고 있는 것이다. 이러한 급격한 시대의 흐름 속에서 리더들 또한 변화되지 않으면 생존할 수 없는 감성 리더십이 절실히 요청되고 있다.

예수께서 쓰셨던 커뮤니케이션 방식인 칭찬, 격려, 배려, 이해, 연민, 존중과 공감은 당시 종교지도자들과는 사뭇 다른 감성 커뮤니케이션으로 정의할 수 있다.

## 02 설득

미국 커뮤니케이션 학자 베팅하우스(Bettinghaus)는 "인간이 동물과 다른 것은 바로 설득 커뮤니케이션이라는 문제해결, 또는 의사결정 도구를 가지고 있기 때문이다"라고 하여 삶에서 설득이 갖는 중요성을 강조했다. 설득에 대한 학문적 정의는 학자들마다 다양하지만, 전통적 의미에서, 설득은 말이나 글을 통해 자신의 주의나 주장을 다른 이에게 주입시키는 것으로서, 그 대상은 사람이고 궁극적인 목적은 태도의 변화라 할 수 있다. 특히 커뮤니케이션 학자들은 설득을 '효과'라는 측면에서 정의하는데, 대표적인 학자로는 칼 호블랜드(Carl Hovland)를 들 수 있다. 호블랜드는 설득을 '언어적 자극을 통해 설득원이 바라는 어떤 목표를 달성하고자 수용자들의 의도된 행동을 유발하는 역동적 과정'이라고 정의했다. 이후 설득의 개념을 전통적 의미의 설득뿐 아니라 비의도적이고 과정중심적인 현상까지 포괄해서 이해해야 한다는 주장들이 대두되기 시작했다.

1960년대 중반 커뮤니케이션 학자인 포더랭햄(Fotheringham)은 설득을 설득자의 메시지에 의해 '수용자에게 발생한 것'이라고 정의하고 있다. 여기서 주의해 볼 것은 설득이 발생할지 아닐지를 결정하는 대상은 수용자라는 사실이다. 이러한 경향은 설득의 범위를 좀 더 넓게 보려는 시각으로 이해할 수 있다. 이렇게 볼 때 설득의 핵심은 정보원이나 메시지, 수용자를 따로따로 취급하는 것이 아니라 그것들 모두를 함께 고려하는 개념이라는 것이다. 이것은 그동안 상대적으로 소홀히 취급되어왔던 수용자의 중요성을 언급했다는 점이다. 오늘날 이루어지는 여러 가지 설득 개념들을 고려해볼 때, 설득은 정적인 상태가 아니라 동적인 과정으로 이해할 수 있다. 설득 현상을 과정으로 이해하기 위해서는 설득에 중요한 위치를 차지하고 있는 상황변수를 고려해야 한다.

설득이 소규모 그룹에서 이루어지건 대중매체에 의해 대규모로 이루어지건 또는 조직적인 상황에서 이루어지건 간에, 상황은 커뮤니케이션 과정을 결정짓는 중요한 변수로 작용한다. 여기서 상황이란 여러 가지 의미를 포함할 수 있다. 즉 설득적 메시지에서 언어와 비언어적 단서가 어떤 비율로 사용되는가가 설득에 영향을 준다고 볼 수 있다. 커뮤니케이션에 참여하는 사람들의 목적이 무엇인지도 상황 변수로 작용할 수 있다. 이외에 TV나 신문, 잡지, 전화 등 여러 가지 매체 중에서 어떤 매체를 사용하느냐, 어떤 문화적 배경에서 설득이 이루어지냐에 따라서도 설득 현상이 다르게 나타난다. 그러나 이러한 설득이 잘못 사용되면 선전이 될 수 있다. 선전은 개개인을 대상으로 하는 대인 커뮤니케이션이라기보다는, 주로 대중 매체를 통해 대중을 대상으로 하는 대중적, 집단적 커뮤니케이션이다. 또한 선전의 주체가 자신을 은폐하고 허구적인 내용을 전달해서 대중의 생각 및 그들의 여론을 조작할 수도 있다는 점에서 설득 행위와는 구별된다.

심리학자 프랫카니스와 아론슨(Pratkanis & Aronson)는, 선전을 후기 산업사회를 특징짓는 대중 설득 테크닉의 하나로 보았다. 20세기에 행해지는 설득 형식은 과거 다른 시기에 보았던 설득과는 판이하게 달랐기 때문이다. 그들은 선전을 상징 조작과 개인의 심리를 통해 대중들에게 영향을 주는 것이라고 정의하며 설득의 오용이라고 말했다. 이러한 선전은 사람들을 사고하지 않고 편견과 감정에 따라 행동하게 만든다. 이상의 논의를 종합해보면, 현대 사회의 선전이란 선전의 주체에게 유리한 목적을 달성하기 위해 메시지 수용자의 깊은 사고과정을 방해하고 편견에 따른 행동을 조장하는 일방향 커뮤니케이션이라 할 수 있다. 요즘의 우리사회는 온갖 선전과 선동이 난무하여 우리의 생각과 감정을 마비시키고 있다. 특히 정치 지도자를 뽑을 때에는 선전과 선동에 말려들지 않는 냉철한 판단력이 필요하다.

만약 설득에서 '당신 먼저'의 태도가 확산되면 개인 리더십의 패러다임은 더욱 새롭고 더 나은 쪽으로 변모시킬 것이다. 구성원과 타인을 통제와 개조의 대상으로 보지 않고 그들에게 정직한 피드백을 주는 코치로서의 리더십으로 방향이 바뀔 것이다. 일이 힘들어지면 자질이 부족한 리더는 설득보다는 힘에 의존한다. 한편 '당신 먼저' 리더는 순종을 강요하기보다는 사람들을 끌어안는다. 그러나 설득에서 가장 기본이 되는 자세는 상대방의 말에 귀를 기울이는 것이다. 설득은 속임수가 아니다. 설득은 상대방에게 다가가는 기술, 곧 '나'가 아닌 '너'를 대화의 중심에 놓는 기술이다. 그렇기 때문에 가장 열린 인간이 되는 기술이다. 그 기술의 바탕에는 '경청'이 존재한다. 사람을 이해하는 핵심은 그의 말을 제대로 듣는 데 있다. 말을 잘 들어보면 그가 무슨 생각을 하는지, 무엇을 원하는지 알 수 있다. 고객이 떠나는가? 그렇다면 고객의 말을 경청하지 않았기 때문이다. 아랫사람들이 당신을 멀리 하는가? 그렇다면 당신이 그들의 말을 경청하지 않았다는 증거다. 경청이 소통의 선행 조건임을 잊지 말자. 위적인 힘을 사용하기보다는 합의를 끌어내려는 욕구가 있기 때문이다.

설득력은 특히 조직 생활을 하는 데 가장 필요한 능력 중 하나로 꼽힌다. 구성원들은 좋은 대우를 받기 위해 경영진을 설득하고, 관리자들은 사원들이 조직의 비전에 매료되도록 설득하며, 영업사원들은 고객들이 자사의 제품을 구매하도록 설득한다. 조직에서 벌이는 거의 모든 대화와 커뮤니케이션이 사실 타인을 설득하기 위한 시도라고 할 수 있다. 사람들은 대개 다른 사람의 제안이나 생각을 받아들이거나 거절하려고 할 때 정보의 출처, 즉 자신과 어떤 관계인가를 가장 중요하게 따지는 경향이 있다. 결국 설득은 메시지의 내용과 상관없이 인간관계가 기반이 된다. 현대 커뮤니케이션 분야의 창시자라고 할 수 있는 칼 호블랜드와 심리학자 와이스는 "설득력은 언제나 전문성과 신뢰성이라는 두 가지 관점에서 바라봐야 한다."고 주장했다. 전문성은 설득하는 사람이 그 내용과 관련된 지식을 얼마나 갖추고 있는지를 의미한다. 그리고 신뢰성은 설득하는 사람의 말을 경청해도 되는지, 즉 설득하는 사람이 진심으로 우리를 생각하고 있는지 판단하는 잣대가 된다.

따라서 조직의 변화와 혁신이라는 것은 전략과 전술도 중요하겠지만, 어떻게 구성원을 설득하여 자율적으로 변화에 동참하게 하느냐와 얼마나 열정적으로 혁신에 임하게 하느냐에 궁극적인 성패가 달려 있다. 결국 리더는 조직원이 향후 변화에 대한 저항을 설득할 유일한 수단인 커뮤니케이션을 어떻게 효율적으로 할 것인지를 먼저 강구해야 한다.

한 가지 유념해야 할 것은 설득이라는 과정을 일방적인 상명하달식의 지시 체계라고만 인식해서는 곤란하다. 예수께서도 사람에게 보이려고 자신을 홍보하는 서기관과 다른 설득력이 있었음을 볼 수 있다(마 7:28-29). 사람들은, 설득은 대화에서 이기는 것, 상대방을 내 편으로 만드는 것, 상대방을 정복하는 것이라고 생각하며 어떻게든 내 뜻대로 상대방을 끌고 오는 것이라고 생각하는 경향이 있는데, 이것은 큰 잘못이다. 설득은 상호간의 소통을 통하여 원활한 결과를 도출하는 것이다. 그렇기 때문에 상대방의 입장을 이해하는 것만큼 가까이 다가갈 수 있는 방법은 설득 이외에는 없을 것이다. 사람은 자신의 입장을 이해해주는 사람에게 약하다. 상대방의 입장을 이해하려는 작은 행동 하나만으로도 설득은 엄청난 효과를 볼 수 있다.

설득은 나와 상대방의 설전이나 게임이 아니라 상호간의 의사소통이다. 특히 섬기는 리더들의 또 다른 특징은 설득에 의존한다는 점이다. 그들은 조직 내에서 의사결정을 할 때 직위가 주는 권위에 의존하지 않는다. 그들은 강압적인 지시보다는 공감할 수 있는 대화와 설득을 통해 구성원들이 업무를 수행해나갈 수 있도록 한다. 이 같은 특징적인 요소가 전통적인 권위주의적 리더십 모델과 섬김의 리더십 사이에 있는 가장 뚜렷한 차이라 하겠다. 이처럼 설득은 나의 주장이 아니다. 그렇다고 상대방을 나에게 끌고 오는 것도 아니다. 성공하는 사람의 마지막 비결은 상대방의 입장에 자신을 맞추는 것이다. 그렇게 해야 비로소 설득의 문은 열린다. 남의 입장에서 생각한다는 역지사지(易地思之)란 말이 있다. 이 말은 말하기는 쉽지만 실천하기는 정말 어렵다. 다른 사람, 상대방의 입장에서 생각해 본다는 것은 바꾸어 말하면 '내 의견보다 상대방의 의견에 귀를 더 기울인다'는 의미다. 그러나 한 걸음만 물러서서 상대방의 시선으로 자신을 바라보면 상대방 역시 비슷한 입장에 놓여 있다는 사실을 확인할 수 있다. 바로 그 부분을 이해할 수 있다면 설득을 성공적으로 이끌어갈 것이다.

그러나 요즈음은 어찌된 건지 자신과 다른 문화의 배경을 가진 사람들의 동기, 목적, 행동을 이해하려는 연구나 노력을 하지 않는 경향이 있다. 만약 리더가 자기 일만하고 세상에서 일어나는 일에 대해 이해하려는 노력을 하지 않는다면 리더의 자격이 없는 것이다.

## 03 경청

리더십이 남의 말을 경청하는 것에서부터 시작된다면, 리더는 능동적이며 적극적으로 경청하는 자가 되어야 한다. 리더가 다른 사람들에게 동기부여하고 영향을 미치기 위해서는 먼저 그들의 부르짖음을 들음으로써 그들의 필요, 열망, 문제, 좌절, 고통 및 상처를 파악해야 하는 것이다. 리더십에 있어서 강력한 커뮤니케이션은 경청에서 시작된다. 경청이란 능동적이며 적극적인 태도로 관심과 사랑을 가지고 상대방의 이야기를 듣는 것이다. 주의 깊은 경청은 상대방의 필요에 응하는 어떤 행동을 수반해야 한다. 경청의 능력은 리더의 유능성의 표지이다. 사람들은 리더가 열렬한 관심을 가지고 자신들의 말에 귀를 기울이기를 원한다. 그들은 리더가 자신들이 겪는 고통을 알기 원하며 동시에 그의 도움의 손길을 간절히 기다린다. 커뮤니케이션의 가장 중요한 요소는 경청이다. 경청한다는 것은 '나는 당신에게 관심이 있고, 당신을 중요하게 생각한다' 는 상대를 가치 있는 존재로 인정하는 표시일 것이다.

경청은 기술이 아닌 훈련이며, 열정과 주의 집중과 인내를 요청하는 것으로, 사람들을 격려하고 그들에게 힘을 불어 넣을 수 있는 가장 강력한 커뮤니케이션의 수단이다. 리더의 경청 능력은 리더십의 효능성과 상관관계가 있음을 부인할 수 없다. "지혜 있는 자는 듣고 학식이 더할 것이요 명철한 자는 지략을 얻을 것이라"(잠 1:5). "내 사랑하는 형제들아 너희가 알지니 사람마다 듣기는 속히 하고 말하기는 더디 하며 성내기도 더디 하라"(약 1:19). 진실하며 영향력 있는 리더십은 경청의 능력에 그 바탕을 둔다. 그러므로 리더는 값진 대가를 치루더라도 전심으로 들을 수 있는 경청의 능력을 개발해야 한다. 참된 리더는 구성원 개개인을 알고 그들의 부르짖음에 귀를 기울여야 한다. 경청함으로써 리더는 구체적인 섬김의 사역을 계획할 수 있기 때문이다. 경청을 하려면 상대방이 말하는 바를 귀담아 듣고, 하지 않는 심중의 말은 무엇인지도 가려내야 한다.

　훌륭한 리더에 대해 이야기해 보라고 할 때면 언제나 빠지지 않는 유형이 바로 남의 말에 귀를 기울일 줄 아는 리더이다. 이들은 언제나 다른 사람들에게 맞출 줄 안다. 반면에 남의 말에 귀를 기울이지 않는 사람은 언제나 자기 위주이다. 그들은 다른 사람들은 아랑곳하지 않고 오로지 자신의 관심사에 대해서만 떠들어댄다. 이들은 지구가 자기를 중심으로 돌고 있다고 생각하는 부류이다.
　자신의 말보다 다른 사람의 말을 들어주며 상대방 위주의 대화를 이끌다보면 사람들은 당신에게 호의를 아끼지 않으며 당신을 훌륭한 리더로 기억할 것이다. 의사소통 전문가들은 효과적인 듣기를 가로막는 몇 가지 장벽이 존재한다고 말한다. 이들 장벽은 집중력 상실과 산만함 그리고 단순한 무관심과 같은 것들이다. 결국은 우리가 너무 자기중심적이라는 데 있다. 다시 말해 단순히 남의 말을 듣고 싶어 하지 않거나 혹은 자신의 의견에 지나치게 몰두한 나머지 남의 말이 귀에 들어오지 않는다는 것이 문제이다.
　사람은 각자 자신이 놓여 있는 입장에서 생각한다. 따라서 상대방의 이야기를 들을 때에는 그 사람의 입장을 최대한 이해하는 쪽에 서서 귀를 기울여야 한다. 설사 전혀 이해할 수 없는 말을 한다는 느낌이 들 때에도 왜 상대방이 그런 말을 하는 것인지, 그 배후에 깔려 있는 그의 입장을 이해하도록 노력해야 한다. 이것이 상대방의 입장에서 생각하는, '역지사지(易地思之)'의 경청 방법이다. 보편적으로 사람들은 이야기를 듣는 쪽보다는 하는 쪽에 더 매력을 느끼기 때문에 경청한다는 것이 쉬운 것은 아니다.

　세계적인 동기 부여가이며 『성공하는 사람들의 7가지 법칙』으로 유명한 스티븐 코비 박사는 "말을 잘하는 사람은 잘 듣는 사람이라는 말이 있다. 말을 많이 하면 할수록 고객은 신뢰감을 덜 갖는다는 말도 귀담아 봄직하다. 이것이 바로 의학적으로 입증되고 있는 플라세보 효과다. 플라세보 효과란 '한 환자에게는 끝까지 이야기를 경청한 다음 가짜 약을 주고, 다른 환자에게는 환자의 말을 경청하지 않고 듣는 척 마는 척하면서 진짜 약을 처방해 주었을 경우, 거짓 약을 복용한 환자가 더 빨리 치유된다' 는 임상 실험 결과를 말한다. 곧 상대방의 입장에서 듣고 이해하려고 노력하는 의지를 보았기 때문인 것이다. 먼저 상대방을 이해하려고 노력한 다음 자신을 이해시켜라. 이 원칙이야말로 효과적인 대인관계 커뮤니케이션의 열쇠다"고 했다. 다시 말해서 최고의 훌륭한 커뮤니케이터는 가장 훌륭한 경청자라는 말이다. 피터 드러커에 따르면, 비즈니스 업계에 종사하는 많은 리더들은 편집광처럼 행동한다고 한다. 이들은 지독하게 자립적이고 자신의 비전과 직관을 지나치게 중시하기 때문에 주변의 전문 지식이나 조언을 받아들이지 못한다는 것이다. 그 결과, 한때 사업을 번창시키고 괄목할 만한 결실을 거두었던 수많은 리더들이 대부분 흔적도 없이 사라졌다고 한다.

　따라서 리더에게는 상대의 말을 경청하는 능력이 필수적이다. 리더는 진심으로 타인의 말에 귀를 기울이고 들은 바를 숙고하여 상대방이 미처 말하지 않은 부분까지 세심하게 살필 줄 알아야 한다. 예수께서도 한 백부장의 하인이 중풍병으로 몹시 괴로워할 때 백부장의 부탁을 받고 고쳐주는 장면에서 예수께서 백부장의 얘기를 들으시고 놀랍게 여겨 백부장의 믿음을 칭찬하며 네 믿음대로 될지어다 하시며 하인의 병을 낫게 하셨던 것을 볼 수 있다(마 8:5-13).

## 04 공감적 경청

미국 하버드대 경영대학원장 제이 라이트는 세계적인 경기침체로 불확실성이 높아진 시대에 치열한 글로벌 경쟁 속에서 살아남으려면 시대 변화를 이끌어갈 우수한 리더를 많이 육성해야 한다고 말했다. 2006년부터 세계 최고 명문 경영대학원을 이끌고 있는 라이트 원장은 리더의 5대 자질로 '판단력, 기업가 정신, 의사소통 능력, 장기 목표 수립, 실행하는 용기' 등을 꼽았다. '의사소통 능력'이 그중의 하나를 차지하고 있는 것을 보아도 그것의 중요성을 가늠해볼 수 있다. 라이트 원장은 다른 사람이 말하는 것을 특히 잘 들어야 한다고 충고하고 있다. 이 말은 조직 내에는 리더와 다른 문화 배경을 가진 사람들이 많기 때문에 상대방이 무엇을 말하고 싶어 하는지 그 진의를 파악할 수 있어야 그 조직이 잘 굴러갈 수 있다는 얘기다. 말은 부족해도 문제이지만 지나쳐도 효과를 발휘하지 못한다. 그러므로 리더는 말을 많이 하려고 하기보다는 가능한 한 상대방이 말을 많이 할 수 있도록 여건을 조성해야 할 것이다. 경청은 두 귀로 사람을 설득시키는 방법이라는 말도 있다.

데일 카네기는 경청의 중요성을 말하기를, "사람들에게 영향을 미칠 수 있는 비결은 훌륭하게 말하는 사람에게 있는 것이 아니라 경청하는 사람에게 있다"고 강조한다. 삼성그룹의 이건희 회장은 "말하는 데 3년이 걸렸지만, 말을 듣는 데는 60년이 걸렸다"고 한다. 이는 리더로서 경청하기가 얼마나 중요한 일이며, 또한 쉽지 않은 일임을 절실히 깨닫게 해 준다. 애정과 관심 없이는 들어줄 인내를 가질 수 없다. 또한 편견이나 선입관을 버리지 못한다면 진솔하게 말하도록 할 수 없을 것이다. 그리고 만일 의사결정에 반영하지 않는다면 말하는 이로 하여금 원천적인 동기부여를 할 수 없게 된다. 우선 들어라. 구성원의 말을 들어주는 것만으로도 그의 존재를 인정하는 것이며 배려하는 것이다. 사람들은 자신의 말에 귀 기울여 듣는 사람에게 마음을 열게 되어 있다. 구성원을 내 편으로 만드는 비결은 말을 많이 하는 것이 아니라 그의 말에 귀를 기울이는 것만으로도 충분하다. 사람은 누구나 이야기를 잘 들어주는 사람을 친근하게 느낀다. 친근하게 여기는 사람에게 마음의 문을 보다 쉽게 연다.

세일즈에서 최고의 자리에 오르는 사람들의 비결을 들어보면 대부분 상대방의 이야기를 잘 들어주는 것이 그 시작이었다고 말한다. 그런데 요즘 우리 사회는 타인의 말에는 귀를 막고 자신의 의견만 쏟아내는 '불소통의 시대'라고 할 만하다. 하지만 단지 말만 통한다고 되는 게 아니다. 진정 그들과 하나가 되기 위해서는 그들의 문화와 사고에 대해 열린 마음으로 존중하고 늘 애정과 관심을 가지고 있어야 한다. 만약 자신만의 문화와 사고방식으로 일관한다면 좀처럼 공감대를 형성하지 못할 것이고, 시너지를 창출하는 데도 걸림돌이 될 것이다. 공감을 이끌어내려면 경청해야 한다. 삼성그룹의 고 이병철 회장이 아들 이건희 회장에게 물려준 단어 한 가지가 '경청'이라고 한다.

경청 중에서도 최고의 경청은 '공감적 경청' 이다. 먼저 들어야 상대방의 의도를 파악할 수 있다. 대화를 한다고 하면서 듣지는 않고 자기의 생각만 내뱉는 경우가 얼마나 많은가? 대화가 일방적인 배설로만 진행된다면 그건 벽에 대고 하는 연설과 다를 바가 없다. 대화가 되려면 먼저 들어야 한다. 그리고 듣더라도 자기의 생각과 감정을 내려놓고 듣는 자세가 절대적으로 필요한 것이다.

## 05 피드백

리더인지, 보스인지를 구별하는 가장 빠른 방법은, 그들이 피드백을 처리하는 방법이다. 보스들이 가장 두려워하는 것은 자신의 지위를 잃는 일이다. 그래서 그들은 가장 많은 시간을 자기 지위를 지키는 데 소비한다. 만일 당신이 그들에게 피드백을 준다면, 그들은 보통 어떻게 반응할까? 대답은 부정적이다. 그들은 당신의 피드백을, 당신이 그들의 리더십을 더 이상 원하지 않는다는 뜻으로 받아들인다. 하지만 리더들은 리더십을 봉사행위로 간주한다. 그들은 피드백을 환영하고 소중히 받아들이며 그것을, 자신들이 더 나은 서비스를 제공할 수 있도록 만드는 소중한 정보라고 생각하는 것이다. 피드백은 상대가 나를 소중하게 생각하고 존중하고 있다는 신호가 된다.

그래서 피드백을 통해 내 자신이 리더인지 보스인지 가늠해볼 수 있는 것이다. 리더들이여, 호통 치지 말고 '피드백'을 하라. 리더로서 일의 결과에 대해 효과적인 피드백을 주는 것은 당신의 구성원, 동료, 리더가 조직을 운영하기 위해서 없어서는 안 될 것이다. 이는 피터 드러커가 "인류가 발전할 수 있는 가장 효과적이고 또 유일한 방법은 오직 피드백뿐이다"라고 말한 것과도 일맥상통한다.

물론 저조한 성과를 거둔 구성원에게 부족한 부분이 분명히 있을 것이다. 그러나 리더라면 무조건 야단치고 큰소리하기 전에, 어떤 부분이 잘못되었는지 전략분석을 해주고 다음에는 더 잘할 수 있도록 정성어린 피드백을 해줘야 한다. 적절한 시기에 리더가 주는 피드백은 구성원들로 하여금 같은 실수를 반복하지 않도록 개선할 지점을 명확히 찾게 해준다. 굳이 바쁜 시간을 쪼개어 피드백을 주는 이유가 무엇인가? 나중에 더 나은 성과를 내기 위해서다.

예수 그리스도의 피드백은 긍정적이었던 것을 보게 된다. "예수께서 나다나엘이 자기에게 오는 것을 보시고 그를 가리켜 이르시되 보라 이는 참으로 이스라엘 사람이라 그 속에 간사한 것이 없도다 나다나엘이 이르되 어떻게 나를 아시나이까 예수께서 대답하여 이르시되 빌립이 너를 부르기 전에 네가 무화과나무 아래에 있을 때에 보았노라 나다나엘이 대답하되 랍비여 당신은 하나님의 아들이시요 당신은 이스라엘의 임금이로소이다 예수께서 대답하여 이르시되 내가 너를 무화과나무 아래에서 보았다 하므로 믿느냐 이보다 더 큰일을 보리라"(요 1:47-50).

피터 드러커 경영대학 교수인 칙센트미하이(Csikszentmihalyi)

박사는 『창의성의 즐거움』에서 "몰입이 일어나기 위해서는 분명한 목표가 제시되어야 하고, 자신이 수행한 업무 결과를 즉시 알 수 있어야 하며, 도전과 능력이 균형을 이루어야 한다"고 말하고 있다. 커뮤니케이션의 관점에서 중요한 포인트는 목표를 분명하게 제시하는 능력, 구성원이 수행한 업무 결과를 신속히 피드백 하는 능력, 그리고 끝으로 각각의 구성원을 간파하여 그 능력에 맞는 도전적인 과제를 부여할 줄 아는 능력이라고 볼 수 있다. 각 분야에서 성공한 CEO는 자신의 경영전략이 단지 방향 제시일 뿐이었다는 사실을 인정하고, 모든 구성원들과 커뮤니케이션을 통하여 지속적인 피드백과 재조정 작업을 거치면서 목적지에 함께 도달한 것을 알 수 있다. 이처럼 커뮤니케이션에 있어서 피드백은 중요한 축을 형성하고 있는 것이다.

실제로 잭 웰치가 말한 성공의 10대 교훈 중에 '항상 점검하라, 항상 체크하라' 라는 것이 있다. 잭 웰치는 직원들의 목표에 끊임없는 관심을 표명했고, 단지 결과뿐만 아니라 과정 속에서 목표를 달성할 수 있게끔 일일이 커뮤니케이션하고 피드백을 받아 문제를 함께 해결해 왔다. 심지어 그는 틈이 날 때마다 직원들과 쪽지까지 주고받으며 일의 진척 사항에 대해 얘기를 나누었고, 일선 사원 한 사람에게 주어진 업무조차도 절대 방관하지 않았다고 한다. 목표를 수립하고 달성할 수 있도록 수시로 체크해서, 부족하면 도와주는 제너럴 앨렉트릭(GE)만의 커뮤니케이션 문화가 있었기에 GE의 성공이 있었던 것이다. 변화와 혁신을 꿈꾸는 조직은 이제 반드시 알아야 한다. GE의 성공은 잭 웰치의 뛰어난 리더십이 있었기에 가능했다고 하지만, 그 이전에 일선 직원까지 피드백을 받을 수 있는 커뮤니케이션 시스템을 갖추고 있었다는 것을 간과해서는 안 될 것이다.

## 06 유머와 이름

〈하버드 비즈니스 리뷰(Harvard Business Review)〉에 따르면 능력 있는 임원일수록 적절한 유머를 자주 사용하여, 회의 중에 적대감을 해소하고 긴장도를 낮춰 의사소통을 원활하게 한다고 한다. 미국의 한 대형 식음료 회사가 그 회사에 근무하는 20명의 남성 임원을 대상으로 조사를 했다. 절반은 '뛰어난' 임원, 나머지 절반은 '평범한' 임원이었다. 각자 2~3시간 정도 인터뷰를 하면서 이들이 사용한 '유머성 발언'의 빈도수를 측정했더니, 평범한 임원은 시간 당 7.5회의 유머성 발언을 한데 비해서, 뛰어난 임원은 2배 이상이나 많은 시간 당 17.8회의 유머성 발언을 했다는 것이다. 특히 연봉은 그들이 사용한 유머의 횟수와 비례했다. 놀랍지 않은가? 이 조사는, 다시 말해 유머감각이 뛰어날수록 월급봉투도 두둑해진다는 말이다. 유머는 유연성이고, 창의력은 유연함에서 나온다는 것을 생각할 때 웃으면서 회의하는 회사가 성공할 것이라는 사실은 분명하다. 이것은 리더가 그만큼 유머의 빈도수를 키워야 함을 입증하고 있다.

영적 리더 역시 마찬가지다. 과거의 영적 리더들은 보통 엄숙하고 진지한 모습이 전형적이었다. 하지만 현대의 영적 리더에게는 유머

감각이 절실히 요구된다. 이것은 영적 리더에 대한 청중의 기대와 바람이 변했기 때문이다. 결론적으로 유머는 영적 리더가 청중이나 독자와 교감을 이루는 데 아주 큰 위력을 발휘한다. 청중의 주의를 영적 리더가 원하는 곳으로 자연스레 유도하는 가장 효과적인 방법이 바로 유머라고 할 수 있다. 패러디든, 자기 비하든, 재미난 이야기든, 유머는 사람의 호감을 자아낸다. 대부분의 사람들은 자기가 좋아하는 사람이 전달하는 메시지를 경청하고 신뢰하기 마련이다. 그리고 같은 값이면 재미있고 편안한 사람을 좋아한다. 기원전 4세기의 철학자 아리스토텔레스는 유머 감각이 설득의 도구로 쓰일 수 있음을 깨달았다. 그는 "유머란 주로 개인보다는 사회적 차원에 적용되는 것이며, 유머의 목적은 상대방이 행동을 바꾸도록 설득하는 것"이라고 생각했다. 그렇다. 유머는 청중이 마음을 열어 변화를 일으키도록 설득하는 무기다. 동일한 내용도 유머가 있게 전달하면 효과는 극대화된다는 것이다.

그러나 유머는 다른 사람의 감성을 이해하고 공감하는 것에서부터 시작해야 한다. 왜냐하면 다른 사람을 배려하지 않는 유머는 유머가 아니라 날카롭기만 한 비판으로 끝나버릴 수 있기 때문이다. 상대방을 비난하거나 무안을 주는 유머는 오히려 분위기를 어둡게 할 수 있다. 그러므로 상대방이 친절함을 느끼면서 공감하는 유머를 말해야 긍정적인 효과를 얻을 수 있다는 점을 명심하고, 따뜻한 유머와 상대방의 사기를 진작시킬 수 있는 유머를 구사해야 한다. 영국의 사상가 토머스는 "진실된 유머는 머리로부터 나오기보다는 마음으로부터 나온다. 그러므로 말의 노예가 되지 말라"고 충고했다.

이것은 유머가 상대방을 배려하는 마음이나 애정 어린 마음에서 비롯되어야 한다는 점을 일러 주는 말이다. 이런 유머를 구사할 때 유머는 대화를 부드럽게 이끌면서 활력을 주는 힘이 될 것이다. 또한 유머를 구사할 때에는 자신의 유머가 상대방에게 어떻게 받아들여질지를 잘 생각해보고 구사해야 한다.

스탠퍼드 의과대학 윌리엄 프라이 박사의 조사 결과에 따르면, 6세 정도의 유치원생들은 하루 평균 300번 정도 웃는다고 한다. 그러나 성인이 되면 그 20분의 1인 15번 정도 웃는다고 한다. 또한 웃음의 횟수에 따라 월급과 보너스에 차이가 난다고 한다. 유머 감각은 자신감이나 안정감과도 직결된다. 그래서 유머 감각이 뛰어난 사람들이 승진도 빠르고 돈도 더 잘 벌며, 배우자를 선택할 때도 유리한 위치에 서게 된다. 한편으로 유머는 단순히 남을 웃기는 재주 정도가 아니라, 갈등을 해소하고 긴장을 풀어 주며 다른 사람의 마음을 편안하게 해 주는 놀라운 능력이 있다. 『유머와 치유력』의 저자인 캐트린 펜닉 박사는 "유머는 무기력증을 예방하고, 생산성 향상을 가져오며, 변화에 대한 적응력을 높이고, 커뮤니케이션 능력과 창의력을 개발하며 자신감을 높여준다"고 했다. 이처럼 유머는 직장을 즐거운 곳으로 바꿔주고, 일의 능률을 향상시키며, 자신의 창조적 능력을 발휘하는 일터로 바꿀 수 있다.

미국의 한 조사 기관의 발표에 따르면, 잘 웃는 리더는 비즈니스 상대방에게서 'Yes'를 이끌어내는 데 3배 더 효과적이고, 부하 직원들의 충성도도 높다고 한다. 웃음은 전염성이기 때문이다. 배우 존

클리즈(John Cleese)는 이렇게 말한 적이 있다. "만약 내가 당신을 웃게 만들 수 있다면 당신은 나를 더 좋아하게 될 것이다. 그것은 당신이 내게 마음을 열었다는 의미이기 때문이다. 그리고 내가 주장하는 특정한 무언가에 대해 당신을 웃게 만들었다면, 당신은 그것의 진실을 인정했다는 의미이다." 설득에서 유머의 가치를 이해하는 것은 당신에게 엄청난 힘을 안겨준다. 하버드 의대의 조지 베이런트 교수는 66년에 걸쳐 하버드 졸업생 268명의 인생을 추적, 조사한 바 있다. 이 조사 자료에 의하면 학업 성적이 인생의 성공이나 행복을 결정하는 데 미친 영향은 극히 일부분에 지나지 않았다고 한다. 성공한 사람들에게는 웃음과 유머가 공통적인 특성으로 나타났다고 베이런트 교수는 밝히고 있다.

미국에서는 매년 일하기에 가장 훌륭한 100기업을 발표하는데, 이들 기업의 공통점은 바로 재미에 있다고 한다. 유머는 조직을 부드럽게 만들고, 직원들에게는 창의성을, 고객에게는 즐거움을, 경쟁사에게는 부러움을, 외부세계에는 일치된 팀워크를, 자신에게는 건강과 여유를 안겨준다.

웃음 임상치료사 개념을 만든 서울대병원 이임선은 의료인답게 웃음을 인체에 비유했다. 회사 같은 조직은 사람이고, 소통은 호흡이고, 인간관계는 혈액이라는 것이다. 인체의 혈액이, 조직에서는 웃음이다. 웃음이 없는 조직은 건강하지 못해 빈혈이 온다. 조직의 생명력은 원활한 소통과 원만한 인간관계에서 비롯된다. 그 훌륭한 매개체 중 하나가 웃음이다. 사람관계의 윤활유는 웃음이다. 수만 명에게 백만장자 꿈을 실현시킨 브라이언 트레이시는 말했다. "인간관계는 얼마나 잘 웃느냐에 따라 결정된다."

　나 역시 내성적이고 낙천적이지 못하지만 유머 책을 보고 유머의 스킬을 배우며 유머프로그램을 보며 자꾸 나의 태도를 바꾸려고 노력하고 있는데, 강의시간에 그 재미를 톡톡히 보고 있다. 세계적인 석학 대니얼 핑크는 "21세기에는 유머가 진정한 파워다"라고 말했고, 하버드대 심리학과에서는 "하버드 안에서도 성공하는 인재들의 공통점은 세상을 유머러스하게 보는 것이다"라고 분석한 결과도 있다. 인간은 한번 웃으면 자신을 웃게 한 사람에게 설득당하는 경향이 있다.

　사람들과 즉각적인 유대를 형성할 수 있는 가장 간단한 방법 중 하나는 이름을 기억하는 것이다. 그의 이름을 부르는 것은 당신이 상대를 하나의 인격으로 배려하고 소중히 여긴다는 사실을 말해주는 것이다. 또한 연구조사에 의하면 이름을 부르면 설득력을 강화할 수 있다고 한다. 그리고 자신을 따르는 이들과 강력하고, 따뜻하며, 사랑이 넘치는 관계를 세워 나가라. 그들의 이름뿐 아니라 그들의 성격까지도 잘 알아두라. 친구보다 더 깊은 사이가 되라. 그들과 친밀한 관계를 형성하면 그들이 어려울 때 가장 먼저 찾을 사람은 당신이 될 것이다. 지도자 중의 지도자였던 나폴레옹 보나파르트(Napoleon Bonaparte)는 자기 군대의 장교들 이름을 다 외우고 있었다. 막사를 돌다가 장교들을 만나면 장교들 이름을 불러가며 인사를 했고, 그들이 참가했던 전투나 작전에 대해서도 즐겁게 이야기를 나누었다. 또한 그들의 고향과 아내, 가족들의 안부도 결코 잊지 않앉다. 이렇게 자기 개인에 대해 그토록 세세히 기억하고 있는 나폴레옹에게 장교들은 감탄할 수밖에 없었을 것이다. 모든 장교는 나폴레옹과의 대화에서 자신을 향한 개인적인 관심을 느꼈기에 나폴레옹에 대한 그들의 헌신은 너무도 당연한 일이었다.

예수께서도 '요한의 아들 시몬아, 나다나엘아, 삭개오야' 등과 같이 이름을 부르며 사람들에게 다가오셨다. 다시 말해서 상대방의 이름을 알고 부른다는 것처럼 자신을 기억해주고 존중해주는 친밀감 있는 방식은 없다는 것이다.

## 07 공감

세계적인 진행자 오프라 윈프리나 우리나라 최고의 MC 유재석이 인기를 끄는 이유는 바로 공감, 맞장구에 있다. 두 사람은 상대의 이야기를 가슴으로, 몸으로 이해해 주고 바로 맞장구를 쳐주는 것으로 유명하다. 그들은 상대방의 감정을 그대로 받아들여 이야기에 빠져든다. 그들의 태도에서 '나는 당신을 흥미 있는 사람, 중요한 사람이라고 생각합니다. 그리고 당신의 생각과 감정에 공감합니다' 라는 마음을 느낄 수 있다. 그것이 두 사람 앞에서 많은 이들이 마음의 문을 여는 이유이다. 사람은 타인으로부터 진심으로 신뢰를 받고 있다고 느끼면 우호적인 반응을 나타낸다. 사람들이 당신의 말에 귀를 기울이고, 당신에게 호감을 갖기를 바란다면 먼저 공감하라. "내가 당신이었더라도 그렇게 생각했을 것입니다"라고 표현하라. 잘 들어주고 피드백을 잘 해주는 것도 공감의 한 부분일 수 있다. 경청과 피드백으로 상대에게 존중받고 있다는 느낌을 줄 수 있기 때문이다.

우리나라는 경제적으로는 선진국에 진입했다고 하지만 '위장(stomach)의 기쁨' 일 뿐이라는 지적이 있다. 배는 부르건만 마음은 허전하고, 인구 밀도 높은 초고층 아파트 단지에 살건만 고독에 허덕이고 있다는 말이다. 가족과도, 동료와도, 하다못해 친구와도 대화가 안 된다. 상대방의 아픔을 공감하는 능력이 없기 때문이다.

'공감'은 말 그대로 남의 얘기를 잘 들어주는 것이다. 사람들은 누군가 나의 얘기를 들어줄 때 정서적 공감을 느낀다. 잘난 척 충고를 일삼는 것이 아니라 상대방을 이해하고자 노력할 때 상대방도 비로소 마음을 열기 시작한다. 현대 사회는 무슨 일을 하든지 사람의 마음을 얻는 것이 중요하다. 개인의 능력이 아무리 뛰어나도 함께하는 사람들의 지지를 얻지 못한다면 큰 성과를 볼 수 없다. 따라서 공감이야말로 성공의 가장 큰 요인이다. 이같이 사람들과 공감하기 위해선 상대방의 감정을 헤아릴 줄 알아야 한다. 이것이 사람의 마음을 얻게 하고 결국 성과를 가져다 줄 것이다.

예전에는 "난 박사다!" 외치면 다 따라갔다. 그런데 이제는 바뀌었다. 지금은 "나 밥 산다!" 하면 그리로 사람이 몰린다고 한다. 바야흐로 '박사' 위에 '밥 사'의 시대가 된 것이다. 상대의 마음을 알고자 하는 그 마음이 관계를 따뜻하고 인간미 넘치게 한다. 리더십은 머리가 아니라 마음이 열려야 한다.

1973년에 웨스트버지니아 대학에 합류한 학자 중 한 명이었던 맥크로스키는 사람이 세 가지 요소, 즉 '이해, 공감, 호응'을 갖추면 좀 더 친절한 사람으로 비칠 수 있다고 말했다. 이해는 다른 사람의 생각, 느낌, 욕구를 알아주는 것이다. 상대를 이해하는 사람은 상대가 말하고 생각하는 것을 잘 아는 것처럼 보인다. 그러나 상대를 잘 이해하지 못하는 사람들은 커뮤니케이션에 별 신경을 쓰지 않는 것으로 보인다. 다시 말해, 그들은 사람들이 마음의 상처를 입을 때, 어려움을 겪고 있을 때, 그리고 그들의 도움을 필요로 할 때를 인지하지 못한다는 것이다. '공감'은 다른 사람의 감정을 자신의 것으로 동일시하는 것을 뜻한다. 이는 다른 사람의 견해를 이해할 뿐만 아니라 설사 그 견해에 동의하지 않는다 해도 타당한 것으로 인정한다는 뜻이다. 상대의 마음이 열리면 다 열리게 된다는 의미이다. 호응은 다른 사람의 커뮤니케이션 시도를 인정해 주는 것이다.

만약에 시험을 받고 있는 사람들이 자신들의 삶의 현장에서 예수 그리스도가 무언가 도움을 주기를 바라고 있는데, 단지 저 높은 하늘에만 계시는 예수 그리스도라면 그들과 동일화되기에는 곤란하지 않겠느냐는 지적이 있다. 이러한 사람들의 필요에 대해 히브리서 저자는 지적으로 뿐만 아니라, 감정적으로도 역시 납득할 수 있는 예수 그리스도를 제시하려고 했다. 그래서 히브리서 저자는 예수 그리스도의 인성에 대해서 강조했다. 그는 단지 '예수'라는 이름을 자주 사용하고 성육신을 강조할 뿐만 아니라 보다 구체적으로는 예수 그리스도의 인성적(히 2:14)인 면, 즉 시험받으신 것(히 4:15), 고난(히 5:7-9), 그리고 심지어 죽기까지 참으신 것(히 2:14, 13:12)을 강조함으로써 사람들로 하여금 삶 속에서 예수 그리스도와의 동일화를 강조했다. 예수 그리스도는 인간의 조건을 완전히 체험하셨으나 '죄는 없으신' 구세주로서 모든 면에서 그들과 같이 되었으며, 그들이 지금 당하고 있는 상황과 같은 괴로움을 친히 겪으셨기 때문에 예수 그리스도는 그들에게 얼마든지 공감할 수 있다는 것이다. 이러한 성육신은 하나님께서 유한하며 소외된 인간의 상황에 들어와 우리의 내면 구조에 동참한 것이다.

다니엘 핑크는 시대를 '3막'으로 분류하고 있다. 1막은 대량생산 노동자의 시대, 2막은 좌뇌형 재능을 갖춘 지식 근로자의 시대, 그리고 이제 막을 올리는 3막은 하이콘셉트의 시대다. 하이콘셉트의 시대를 주도하는 인재는 우뇌형 재능을 갖고 다른 사람들과 감정적인 공감대를 형성할 수 있는 재능을 소유한 사람이다. 이처럼 공감하는 능력의 필요성이 증대되고 있는 것이 우리 현실 가운데 와 있는 것이다.

최근 공감에 호소하는 현수막 마케팅이 다양한 현장에 적용되고 있다. 그중 하나가 최근 많이 볼 수 있는 생산 및 유통업체 실명제이다. 과일, 채소 등의 농산물을 생산 판매하는 업자들은 농산물을 담는 박스 등에 생산자나 산지의 사진을 직접 붙여놓는다. 이를 통해 생산자가 최선을 다해 힘들게 재배했다는 의사를 전달하고자 하는 것이다. 택배 업체들도 택배차량의 차주 내지 운반자의 사진을 차량의 외벽에 직접 붙여놓는다. 소비자들은 개인이 책임을 지고 운반하는 모습을 보고 택배업체에 대한 신뢰가 증가한다. 결국 실명제를 통해 기업들은 소비자의 부모나 형제 같은 사람들이 일하고 있음을 알려 공감을 형성함으로써 소비자의 구매를 유도하고 있는 것이다. 심리학자 리건(Regan, 1971)의 연구에 의하면, 작은 것이라도 호의를 받으면 아무것도 받지 않을 때보다 호의를 베푼 사람의 요구를 더 잘 들어준다고 한다. 이같이 작은 호의라도 받으면 호의를 받은 사람을 빚진 자의 상태로 만들기 때문이다.

누가복음 10장 29절에 "누가 우리 이웃이냐"고 묻는 질문에 예수께서는 "강도를 만나 다 뺏기고 맞아서, 거의 죽게 된 사람을 보고 외면하지 않고 불쌍히 여겨, 그를 돌봐준 사마리아 사람"이라고 정의했는데, 결국 이웃의 상황을 공감해주는 자가 진정한 이웃이란 것이다(눅 10:25-37).

## 08 존중

하나님을 향한 사랑을 보여주는 것에는 특정한 방법이 없다. 어떤 정교한 형식이 필요한 것도 아니다. 예수께서는 이 점에 대해 아주 명확하고 간략하게 설명하셨다. "내가 진정으로 너희에게 말한다. 이 작은 사람들 가운데 하나에게, 내 제자라고 해서 냉수 한 그릇이라도 주는 사람은, 절대로 자기가 받을 상을 잃지 않을 것이다"(마 10:42). 화려한 의식은 지워버려라. 많은 사람들이 보는 앞에서 큰소리로 기도하는 것도 잊어버려라. 남에게 보이기 위한 헌금도 잊어라. 예수께서는 이렇게 말씀하셨다. "우리가 하나님을 사랑하고 있음을 보여주는 방법은 우리가 만나는 모든 영혼(사람)들을 하나님의 자녀처럼 생각하며 대하는 것이다." 예수께서는 심지어 이렇게까지 말씀하셨다. "누군가에게 냉수 한 그릇이라도 주는 사람은 반드시 그 상을 받게 될 것이다." 여기서 누군가는 조건이 좋지 않아 세상의 잣대로 인하여 사람에게 관심의 대상이 되지 못한 자를 의미할 것이다.

하나님을 대변하는 예수 그리스도는 모든 사람들을 자신과 동등하게 대하셨다. 물론 예수께서는 산을 움직이게 하실 수 있었으며, 죽은 자들을 살릴 수 있었고, 병든 자들을 고칠 수 있었으며, 앉은뱅이를 걷게 할 수 있었고, 맹인들의 눈을 뜨게 할 수도 있으셨다. 그렇지만 그의 능력과는 상관없이 예수 그리스도는 어부들과 창녀들까지도 "그의 형제요, 자매들"이라고 부르셨다. 예수께서는 세상의 잣대로는 '거룩하지 못한' 자들이라고 낙인찍힌 사람들까지 용납하셨을 뿐 아니라 그들에게 사랑의 빛을 발하셨기 때문에 사람들은 떼를 지어서 예수께로 몰려갔던 것이다. 예수께서는 어디에 있는 사람인지 상관없이 그들을 만났고, 그들이 누구이든 간에 받아들이고 존경을 표했다. 예수 그리스도는 사람들을 동등하게 대하고 그들을 존경함으로써 그들에게 권한과 능력을 부여하셨다. 예수 그리스도는 모든 사람을 자신과 동등하게 대하셨다. 예수 그리스도의 이러한 존중 덕분에 사람들은 현재보다 더 나아지려고 열심히 노력하게 된 것이다.

펜실베이니아 대학 교수이자 정신과 박사인 데이빗 번스(David

Burns)는 "설득력 있는 의사소통에서 당신이 범할 수 있는 최대 실수는 당신의 견해와 감정 표현에 최우선순위를 두는 것이다. 사람들이 진정으로 원하는 것은 자기 말을 들어주고 자기를 존중해 주며 이해해 주는 것이다. 당신이 자기 말을 이해한다고 느끼는 순간 사람들은 당신의 견해를 받아들이는 동기를 부여받게 된다"고 말했다. 김정태는 사람은 누구나 눈에 보이지 않는 명찰을 달고 있다고 한다. 이 눈에 보이지 않는 명찰을 보면서 사람을 대할 때 놀라운 변화가 일어난다고 했다. "사람이 그들의 가장 바람직한 모습이 되도록 도와줘라. 그리고 그들이 이미 가장 바람직한 모습이 된 것처럼 대하라"고 괴테의 말을 인용했다. 이것은 그 사람이 최고인 것처럼, 먼저 인정하고 존중하라는 의미이다.

데일 카네기는 자신의 저서에서 노먼 빈센트 필 박사의 말을 인용하였는데, 인간은 본래 사랑받고 싶어 하는 동물이라며 어느 코미디언의 이야기를 첫머리에서 했다. "인간은 누구나 마음속 깊이 자신은 가치와 위엄을 갖춘 중요한 인물이라는 의식을 갖는 법이다. 그것을 해치는 것은 그 사람을 영원히 잃는 것이 된다. 따라서 어떤 사람을 사랑하고 존경한다면 그 사람을 북돋워 주어야 하며, 그 결과로 그도 또한 당신을 사랑하고 존경할 것이다." 청중이란 당신의 절대적인 심판관이다. 그렇기 때문에 청중을 대단히 존경해야 한다. 또한 모든 사람은 서로 존중해야 한다. 어떤 사람이 다른 사람과 의견이 일치하지 않더라도 그 사람은 이 견해를 진지하고 솔직하게 주장하고 있다고 추정할 수 있어야 한다. 이처럼 리더는 상대방의 입장과 그 안에 포함된 개인의 감정들을 존중하는 방식으로 의견 일치와 문제 해결에 도달하고자 하는 솔직한 열망을 갖고 있어야 한다.

예수께서는 사람들에게 장차 그들에게 다가올 심판에 대해 가르치면서 말씀하셨다. "그때에 임금이 그 오른편에 있는 자들에게 이르시되 내 아버지께 복 받을 자들이여 나아와 창세로부터 너희를 위하여 예비된 나라를 상속받으라 내가 주릴 때에 너희가 먹을 것을 주었고 목마를 때에 마시게 하였고 나그네 되었을 때에 영접하였고 … 내가 진실로 너희에게 이르노니 너희가 여기 내 형제 중에 지극히 작은 자 하나에게 한 것이 곧 내게 한 것이니라 하시고"(마 25:35-36, 40). 후대에 수도원 운동에 참여한 그리스도인들은 이 환대의 성서적 윤리를 베네딕트회의 규칙 53조로 성문화하였다. "눈에 들어온 모든 손님은 그리스도처럼 환영받아야 한다. 환대는 손님의 바람과 기대에 맞추어 자신의 모습을 바꾸는 것이 아니라 양손을 벌리고 그를 자신의 삶과 공동체의 실재 속으로 맞아들여 손님을 사랑하고 손님에게 경의를 표하는 것이다." 이렇게 환대는 사람의 조건을 보지 않고 필요에 따라 환대해야 하는 것이다.

당시 대부분의 종교 지도자와 다르게 예수께서는 마태와 그의 친구들을 분류하시지 않았다. 그들을 세상의 인구통계학적인 기준에 따라 피하거나 상대하지 않아야 할 자들로 여기지 않으셨다. 예수께 그들은 세상이 낙인 찍어버린 것처럼 단순히 세리, 부유한 건달, 정치적 반역자, 부도덕한 불한당뿐인 존재가 아니었다. 아마도 상처를 받았거나, 마음이 아픈 사람들이며, 대부분은 상상할 수도 없을 만큼 큰 괴로움을 안고 있는 존재였다. 예수 그리스도는 마태와 그 친구들과 함께 그들의 가장 일상적 행위인 식사에 함께하여 그들에게 존엄성을 주셨다. 식탁에서 예수 그리스도는 그들의 삶에 붙은 행색과 꼬리표를 넘어 그들의 진정한 실체를 마주하셨다. 만물의 찌꺼기와 같은 그들은 예수 그리스도를 찾았고, 예수께서는 기꺼이 그들을 모아 새로운 제자 공동체를 만드셨다. 이 공동체는 행색으로 사람을 판단하고 분류하거나 꼬리표를 붙이지 않았다. 이렇게 하나님 나라는 세상의 조건으로 낙인이 찍힌 자, 억장이 무너진 자, 아픔을 겪는 자들이 있는 모습 그대로 환영받는 곳이 되어야 한다.

지난 25년간 한국 양궁 1등 신화를 만들고 지켜낸 주인공 서거원 전 감독은 『따뜻한 독종』이라는 책에서 그 비결에 대해 다음과 같이 말하고 있다. "양궁은 선수촌에서 가장 먼저 민주화된 조직 문화를 갖고 있습니다. 보통 상사가 주선하는 회식 모임이 있다고 할 때 구성원들은 어떻게 하면 참석하지 않을 수 있을까를 고민합니다. 하지만 양궁은 그렇지 않습니다. 양궁계에는 선수와 지도자, 지도자와 지도자, 직급의 높고 낮음을 떠나 모든 구성원이 자연스럽게 대화하는 분위기가 조성되어 있습니다. 의견 개진도 활발합니다. 조직에서 중심적 존재는 고위직에 있는 사람들이 아니라 가장 낮은 위치에 있는 사람들입니다. 핵심은 윗사람이 아랫사람을 어떻게 대하느냐에 달려 있습니다. 최고의 구성원을 만들려면 구성원을 최고로 대해야 합니다." 결국 조직의 리더가 어떤 문화를 만들어 가느냐가 조직의 성패를 결정지을 수 있다는 얘기이다. 스포츠 선수, 예술가, 회사원 또는 육체노동에 종사하는 사람이라도 동기가 부여되는 경향은 비숫하다. 존경받을 때, 존귀하게 대우받을 때, 이해와 사랑으로 받아들여질 때, 사람들은 쉽게 동기를 부여받는다.

히브리어로 '존중'이란 중요하게 대한다는 뜻을 지니고 있다. 고대 중동의 모진 땅을 여행하는 사람들은 그들을 환대해 주는 손길에 의지해야만 살아남을 수 있었다. 오늘날에도 유목민인 베두인족은 환대의 문화로 사막의 가혹함을 견뎌낸다. 그들이 생각하는 환대의 개념이란 심오할 정도로 단순하다. "먼저 대접하고 나중에 물으라"는 것이다. 여행객을 돌보는 것은 그 사람의 신분이 아니라 오직 그의 필요에 달린 일이다. 아브라함이 그의 장막으로 이방인들을 맞아들이는 모습은 베두인의 환대 개념보다 한 걸음 더 나아간 것이다. 방문객이 자신과 사회적 지위가 같은 인물일 경우, 주인은 단지 일어나기만 하면 된다. 그러나 아브라함은 이방인들을 환영하기 위해 밖으로 나가서(그들이 더 우월한 지위를 가졌다고 생각한 것이다) 땅에 엎드려 '주'라고 불렀다. 여행객의 신분은 의식하지 않은 채 아브라함은 그 자신이 종을 거느린 매우 부유한 사람이면서도 스스로를 그들의 '종'이라고 일컬었던 것이다. 아브라함은 아무 질문도 하지 않았다. 어떠한 대가도 기대하지 않았다. 자신이 베푼 환대에 어떠한 조건도 달지 않았다. 단지 완전히 이방인인 그들을 환영하고 자신에게 있는 가장 좋은 음식과 수고, 배려를 받을 만하다고 여겨 공경했을 뿐이다.

예수께서는 그 시대에 가난하고, 병들고, 따돌림 받고, 혜택 받지 못하는 사람들에게 특별한 관심을 보여주시고 가르쳐 주심으로써 예수 그리스도 시대의 사회적인 우선순위를 뒤집어 놓으셨다. 그러한 사람들은 예수께서 그들의 챔피언이 되기 전까지 어떠한 주의를 위한 특별한 요구도 없었다. 누구도 히포크라테스가 그러한 관심을 어려운 매춘부나 눈먼 거지, 힘을 장악하는 군인의 노예, 돈이 없는 외국의 정신병 환자, 만성 척추 통증 상태의 사람에게 보여주는 것을 상상할 수 없다. 예수께서는 그분께서 그것을 하셨을 뿐만 아니라 그를 따를 자들에게 똑같이 할 것을 기대하셨다.

워렌 베니스는 "직원을 소중히 여기지 않는 기업은 곧 무너지게 될 것이며, 기업의 중심에 있는 사람을 존중하는 일은 경영의 핵심 중의 핵심이다. 페덱스 경영의 근본원리인 'PSP' 원칙, 즉 '사람(People)이 곧 회사의 경쟁력이며, 서비스(Service)나 수익(Profit)보다 사람이 우선이고, 최고의 직원에게 최고의 대우를 해 줌으로써 고객에게 최상의 서비스를 제공해 사업에서 성공한다는 사례가 지금도 생명력을 가진다는 것은 아직 인간 존중의 기업 문화가 성숙하여 있지 못하다는 사실을 반증한다. 기업 내부의 커뮤니케이션에서도 말로는 구성원들을 존중한다고 하지만 실제로는 전혀 그렇지 못하다. 만약 기업 내에서 자신의 의견이 반영되지 않는다면, 해당 업무에 대한 열정을 기울이는 것도 어려운 일이고, 일은 한다고 해서 만족을 얻기도 어려울 것이다"라고 했다. 근래 들어 '갑 질'이란 표현이 등장하는 것도 존중문화의 상실에서 나오는 대표적인 케이스가 아닐까 싶다.

## 09 질문

  2006년 한 잡지사에서 독자를 대상으로 "우리나라 아나운서 가운데 가장 영향력 있는 사람이 누구인가" 하는 설문조사를 했다. 1등으로 뽑힌 사람은 MBC 앵커를 지낸 손석희 아나운서였다. 기자들은 그를 찾아가서 인터뷰를 했다. "영향력 있는 아나운서 1등으로 뽑히셨는데, 이유가 뭐라고 생각합니까?" 그때 손석희 씨는 손사래를 치며 "제가 무슨 1등 할 자격이 있습니까? 제가 한 것은 단지 질문밖에 없는데요"라고 대답했다. 실제로 질문의 힘은 위대하다. 자기를 주장하다보면 반박당하기가 쉬우며, 토론 과정에서 종종 무시되기도 한다. 주장은 부탁이라기보다 청중에게 일방적으로 요구하는 것에 가깝다. 사람들에게 생각할 여지를 주지 않고 직접 그 일을 하려 드는 것이다. 하지만 질문은 청중이 마음을 열고 말 속으로 빨려 들어오게 준비시키며, 더불어 청중이 스스로 결정할 수 있도록 여지를 남기는 것이다. 다른 방식이 별 효과가 없을 때도 이 방식은 언제든지 통한다.

  사람은 누구나 살아가면서 모르는 것을 질문해야 한다. 자신이 사는 세상을 둘러보고 사람들의 의견과 그들이 무엇을 필요로 하고 있는지 귀를 기울여 보아야 한다. 대부분의 사람들은 다른 사람의 말을 들으려 하거나 질문하지 않는다. 그러나 예수 그리스도는 많은 질문을 했다. 이것이 성공적인 리더십의 비밀이다. 한 번은 시몬 베드로가 고기를 잡고 있었다. 그러나 한 마리도 잡지 못했다. 아침이 되자 예수께서는 그가 고기를 잡은 것을 보고는 외쳤다. "이 사람들아, 무얼 좀 잡았나?"(요 21:5). 예수께서는 단지 정보를 구하기 위해 그에게 물었을 뿐이었다. 그런데 그들의 대답은 예수께서 그들의 삶 속으로 들어가도록 하는 출발점이 되었다. 예수께서는 그들이 필요로 하는 것을 가지고 있었다. 그는 정보를 소유하고 있었기 때문이었다. 예수 그리스도의 질문은 그들의 미래를 연결시켜 주는 고리와 같았다.

과거의 설교는 목회자의 일방적인 선포, 선언, 단언, 주장 일색이었을 뿐, 질문은 거의 없었다. 하지만 청중에게 어떤 생각을 강요하면 아무리 옳은 것일지라도 오래 간직할 수 없다는 사실을 알아야 한다. 제드 메디파인드는 "질문은 청중을 운전석에 앉히는 것과 같다"고 표현했다. 질문은 호기심을 자극하고 주의력을 높여준다. 질문을 하면 사람의 뇌가 생각을 하도록 자극받는다. 그래서 현명한 질문은 문제를 명료하게 하고, 문제의 핵심을 볼 수 있는 통찰력을 준다. 설교 및 강의 시작 때나 중간에 종종 신중한 질문으로 주의를 환기시키고 공감대를 형성해 보라. 의미 있고 긴밀한 대화를 이끌어 갈 수 있는 질문을 던져라. 사람들의 특별한 생각과 경험과 호기심을 끌어내는 메신저가 되라. 강의의 대가들은 곧 질문의 대가이기도 하다. 질문을 통해 답을 유도함으로써 청중이 강의 시간에 딴 생각을 하지 않도록 하며, 더 나아가 청중을 강의에 동참시킨다.

질문의 대가이신 예수께서는 특히 사람의 사고를 바꿀 수 있는 인지적인 질문 기법을 즐겨 사용하셨다. 4복음서에는 예수 그리스도의 수많은 질문이 기록되어 있는데, 사람들의 그릇된 사고를 교정해 주는 탁월한 것들이 많다(마 5:13, 5:46, 6:25, 7:3-4). 예수 그리스도의 질문은 때로는 은근하고 때로는 신랄하며 때로는 유머가 섞여 있었다. 이 질문에 대답을 하다 보면 어느새 좋은 생각이 사람들의 머릿속을 채우고, 좋은 대답이 사람들의 입술에서 나오게 된다. "왜?"라는 질문을 서너 차례 되풀이 하는 과정에서 유연하게 새로운 아이디어가 솟아난다. 그렇게 예수께서는 질문을 던짐으로써 청중이 스스로 진리를 발견하고 터득하도록 하셨다. 청중들이 설교라는 은혜의 장에 동참하여 함께 웃고 즐기는 체험의 과정을 누리게 해야 한다. 이때 필요한 직업이 바로 질문이다. 질문에는 딱딱한 분위기를 부드럽게 만드는 묘미가 있다.

질문은 '수사적인 질문'과 '명확한 답을 묻는 질문' 두 가지로 나눌 수 있다. 수사적인 질문은 청중의 대답이 필요 없다. 질문을 통해 호기심을 불러일으키고 주제에 대해 생각해 보도록 만드는 것이 목적이다. 반면에 명확한 답이 있는 질문은 청중이 직접 답하거나 아니면 최소한 마음으로 생각하게 만드는 질문이다. 이 역시 청중의 주의를 끌 수 있다. 이에 대해 『화술의 달인 예수』(The Revoluctionary Communication)의 저자 제드 메디파인드(Jedd Medefind)는 다음과 같이 설명한다. 예수께서는 모든 사람들을 기꺼이 받아들일 자세를 갖추셨지만 마지막 결정은 청중이 내리도록 주장하고 질문하고 행동하셨다. 예수께서는 어중간하게 중립에 서 있는 사람을 용납하지 않으셨다. 그 자신이 위대한 질문이 되셨으며, 질문할 때는 청중이 스스로 결정할 수 있도록 여지를 남기셨다. 진리에 대한 열정이 뜨거운 것과는 별개로 예수 그리스도의 커뮤니케이션은 조작적이지도, 강압적이지도 않았다. 질문을 하든지 하지 않든지 청중이 결론을 도출할 수 있도록 여지를 남겨 두셨다.

폐인이 되지 않으려고 노력하려면 질문을 던지며 살아야 한다. 질문의 수준이 삶의 수준을 결정한다. 뉴턴이 사과나무에서 사과가 떨어지는 것을 보고 만유인력의 법칙을 발견했다는 일화는 유명하다. 그런데 단지 그것을 본 것만으로 뉴턴이 그 위대한 법칙을 깨달을 수 있었던 것일까? 같은 사과나무에서 떨어지는 사과를 보고 뉴턴은 위대한 발견을 했는데, 왜 다른 사람들은 아무것도 발견하지 못했을까? 뉴턴은 질문했고, 그들은 질문하지 않았기 때문이다. 그것이 바로 질문의 힘이다. '나는 좋은 부모인가?' 라는 질문을 놓치지 않는 사람은 위대한 부모가 될 가능성이 높다. '내가 좋은 리더인가?' 라는 질문은 위대한 리더로 성장시키는 계기가 될 것이다.

## 10 청자중심 문화

회사 내에서도 간부가 젊은 직원들을 두고 '요즘 젊은 애들' 이라는 편견에 사로잡혀 갈등을 빚는 일이 허다하다. 이는 서로의 다른 점을 이해하려는 노력이 부족하기 때문에 생기는 비극이다. 간부는 자신의 방식이나 코드에 직원들이 맞춰주기를 강요하기 전에 그 직원들 저마다의 방식이나 코드를 먼저 이해하고 포용하려는 노력을 기울여야 한다. 중요한 것은, 간부 자신의 경험이나 사고방식으로 직원들의 생각이나 행동을 예단하지 않는 것이다. 그들은 나와는 다르다는 사실을 늘 기억해야 한다. 재능이나 관심 분야도 다르고 일하는 방식이나 습관도 다르고, 하다못해 식성도 다르고 연애관도 다르다. 그러므로 끊임없는 대화와 교감을 통해 공통분모를 넓혀가야 한다. 나와는 다르더라도 그 다른 점이 기존의 방식보다 낫거나 최소한 못하지만 않다면 기꺼이 받아들이는 것이 그 직원으로 하여금 맘껏 역량을 발휘하도록 하는 최선의 배려다. 간부가 젊은 직원들을 열린 마음으로 이해하고 원활한 의사소통으로 공감대를 넓히려면 먼저 그들의 문화를 이해하고 공유할 필요가 있다.

『대한민국 사이버 신인류』의 저자 황상민 교수는 〈요즘 젊은이들을 꿰뚫어 보는 법〉이란 글에서, 사고방식에 따라 사람들이 사물이나 현상을 얼마나 다르게 해석하는지를 잘 보여주고 있다. "기성세대와 젊은 세대들이 각기 다른 라이프스타일을 가졌다는 것은 서로 다른 가치관과 세계관으로 세상의 경험을 받아들인다는 뜻이다. 같은 세상을 완전히 다르게 보는 것이다. 그것이 현실 세계이든 사이버 세상이든 각 사람들이 세상을 체험하는 틀의 차이는, 1차적으로 서로를 이해하거나 의사소통하는 것을 힘들게 만든다. 기성세대는 이 세상에는 그 중심이 되는 원리와 규칙이 있다고 생각한다. 기성세대에게 이런 가치관이 자연스러운 것은, 그렇게 살아와 보니까 그렇다는 것이다. 자신의 경험과 삶에 기초한 주장이다. 그러나 젊은 이들이 가진 가치관은 유연하다. 아니, 유연하지 않을 수 없다. 따라서 어떤 변화하지 않은 절대적인 무엇이 있거나 외부에서 주어진 어떤 것을 찾기보다는 일단 내가 느끼고 생각하는 것에 중심을 더 둔다." 세대의 차이에 대한 이해와 용납이 필요하다고 본다.

우리나라는 화자 중심의 커뮤니케이션 문화가 강하기 때문에, 세계에서 통용되는 청자 중심의 커뮤니케이션에 대한 이해와 적응이 반드시 필요하다. 가령 우리나라에서는 커뮤니케이션에서 명확하지 않은 점이 있으면 듣는 사람이 문제라고 여기는 경향이 있다. 반면 글로벌 시대의 기준은 청자 중심이다. 누군가 말을 했지만 듣는 사람이 그것을 명확하게 이해하지 못하면, 말한 사람에게 문제가 있다는 것이다. "무슨 뜻인지 다시 말씀해주세요"라고 듣는 사람은 당당히 질문한다. 청자 중심의 문화가 필요하다. 좋은 관계를 위해서는 입장을 바꾸어 생각해야 한다는 것이다. 이것은 비단 부부뿐 아니라 사람 사이 모든 관계의 기본이라고 생각한다.

일반적으로 사람들이 흔히 사용하는 "대화가 안 통한다"라는 말을 생각해 보자. 이 말에는 상대가 자신의 주장만 하고 내 이야기는 듣지도, 들을 생각도 안 한다는 의미가 강하게 내포되어 있다. 상대의 말을 듣는 것을 우선적으로 생각하지 않으면, 대화가 이루어질 수 없다. 혼자서 말하는 것을 대화라고 착각해서는 안 된다. 그것은 대화라기보다는 명령이나 강압일 뿐이다. 대부분의 많은 리더들이 장기적인 계획, 시간관리, 대중 연설과 같은 다른 분야에 많은 시간과 에너지를 소비한다. 그러나 듣기를 연습하는 시간에 투자하는 리더는 드물다. 좋은 청취자가 되려고 소망하는 리더들은 가장 중요한 기술을 발전시키게 될 것이다.

매릴랜드 대학의 정신생리학 클리닉과 실험실의 공동 관리자인 제임스 린치( James Lynch) 박사는, 심혈관 시스템의 실제적인 치유는 사람들이 들을 때에 발생한다고 입증하였다. 그 이유인즉 혈압은 사람들이 말할 때에 올라가고 들을 때에 내려간다는 것이다. 그에 따르면 경청 스킬은 좋은 리더십에 필수는 아니라고 말한다. 그것은 건강에 필수요소라고 말한다.

경청에는 적극적 경청과 소극적 경청이 있다. 소극적 경청은 그냥 듣는 시늉에 불과한 것이고, 적극적 경청은 주의 깊게 듣고 상대의 말에 맞장구까지 쳐주는 것이다. 그래서 적극적 경청을 '반영적 경청' 이라 한다. 그러나 여기서 머무르지 말고 상대의 의도나 입장을 헤아리는 '맥락적 경청' 의 자리까지 나아가야 청자중심이 되는 것이다.

## 11 스피치

이지훈은 자신의 저서에서 또 다른 효과적인 커뮤니케이션의 방법을 알아내기 위해 스탠퍼드대 경영학과 칩 히스(Chip Heath) 교수와 그의 동생이자 컨설턴트인 댄 히스(Dan Heath)가 10여 년을 꼬박 사례 연구한 것을 인용했다. 칩 히스 교수는 커뮤니케이션의 가장 큰 장애요소로 '지식의 저주'를 꼽았다. 이 말은 교수나 CEO처럼 지식이나 정보를 많이 아는 사람의 말일수록 알아듣기 힘든 현상을 말한다. 히스 형제는 강력한 메시지를 만드는 기법을 6가지로 정리했다. '단순성, 의외성, 구체성, 신뢰성, 감성, 스토리'가 그것인데, 이 기법은 성공한 슬로건, 연설, 광고, 인터뷰를 분석해서 얻은 결과이다. 칩 히스 교수는 6가지 비법 중에서도 '투자 대비 최고의 수익률'을 올릴 수 있는 것으로 '구체성'을 꼽았다. 이것은 상대방이 이해하기 쉬운 메시지 전달의 중요성을 언급한 것이다. 또한 스토리의 중요성 역시 예외가 아니다.

존 맥스웰은 제임스 쿠즈(James Kouzes)와 배리 포스너(Barry Posner)의 말을 인용하여, 지도자가 피지도자들 앞에서 신뢰성을 증진하는 일이 얼마나 중요한가를 적극적으로 주장했다. 그들의 저서 『리더십의 도전』에서는 추종자들이 지도자에게 기대하는 네 가지에 대해 언급하고 있다. '정직성, 능력, 비전 그리고 영감'이다. 또한 존 맥스웰은 자신의 저서에서 랄프 왈도 에머슨(Ralph Waldo Emerson)의 말을 인용하며 "사람들을 신뢰하라. 그러면 그들이 당신을 신뢰할 것이다. 그들을 위대한 사람처럼 대하라. 그리하면 그들이 자신들의 위대함을 보여줄 것이다"라고 했다. 정직의 법칙이란 기업과 브랜드의 정직한 이미지가 소비자에게 큰 영향력을 행사하여 구매행위가 일어나는 것을 뜻한다. 신용과 정직은 모두가 함께 번영하고 좋은 결과를 가져오도록 하는 방편이다.

이런 시대적 흐름과 함께 '스토리 텔링'은 이 시대 인재가 반드시 갖춰야 할 주요 능력으로 꼽히고 있다. 이서영은 하버드대학의 인지심리학 교수인 하워드 가드너의 말을 인용하여 "모든 지도자들은 위대한 이야기꾼"이라고 분석한 바 있다. 이러한 스토리텔링을 구성할 때 주의해야 할 5가지 핵심 포인트는 다음과 같다. 첫째는 '열정'이다. 만약 열정이 없으면 듣는 사람은 아무 느낌도 받을 수 없다. 둘째, 이야기 속에 '영웅'이 있어야 한다. 갈등과 어려움을 해결한 이야기 말이다. 셋째, 장애 요인인 '악당'이 있어야 한다. 밋밋한 스토리는 재미를 주기 어렵다. 영웅의 자리에 오르기까지 힘들게 했던 어려운 환경 이야기다. 넷째는 '깨달음'이다. 자신의 이야기가 작든 크든 감화를 받을 수 있게 해야 한다. 다섯째, '감동과 변화'이다. 어려움을 극복하고 성공을 이뤄낸 영웅 스토리는 동기부여를 제공해주기 때문이다.

구두, 문서, 일대일 대화나 대중 강연, 어떤 방식이든 다음과 같은 원칙을 따라서 해야 한다. 첫째, 미리 생각을 정리하고 준비하는 시간을 가져야 한다는 것이다. 분명한 목적 없이 되는 대로 이야기해서는 안 되기 때문이다. 둘째, 간결하게 하라는 것이다. 비즈니스 커뮤니케이션이 단 몇 문장으로 이루어지지 않으면 십중팔구 지루해질 수 있기 때문이다. 셋째, 명확하게 해야 한다는 것이다. 단어들을 신중하게 선택해서 메시지가 독자나 청중의 모국어로 전달되지 않는 커뮤니케이션의 경우에는 특히 그래야 한다. 넷째, 반복해서 전달해야 한다. 한번 말해 놓고 모든 사람이 기억하기를 바라는 것은 헛된 바람이다. 기억하기 쉽도록 메시지의 요지를 분명하게 반복해서 전달해야 한다. 다섯째, 열정적으로 하라는 것이다. 메시지를 열정적으로 전달하면, 사람들이 귀를 기울이고 팀이 의욕을 얻으며 고객이 쉽게 마음을 연다. 이외에 관련성이나 대조성 및 강조성은 효과적인 메시지 전달을 위해 아주 중요한 요소이다.

국내 스피치커뮤니케이션 1호 박사인 김은성 KBS 아나운서는 리더의 언어가 가져야할 특성을 7 가지로 정리하고 있다. 첫 번째는 자기 철학의 언어이다. 다른 사람의 이야기가 아닌 자기가 직접 경험한 진솔한 삶의 이야기를 해야 한다. 두 번째는 비전의 언어이다. 역사적 리더들은 위기의 상황에서 비전의 언어를 통해 희망과 용기를 주었다. 세 번째는 명확성의 언어이다. 리더의 말이 구체적이고 명확해야 오해와 혼란을 예방하게 된다. 네 번째는 공감의 언어이다. 리더는 자신의 생각을 상대의 언어로 말해야 한다. 다섯 번째는 반응의 언어이다. 자신의 의견은 막힘없이 말하고 있지만 상대의 의견을 듣지 않고 있는 상황에서 리더의 반응은 또 다른 메시지라는 것이다. 여섯 번째는 균형의 언어이다. 리더는 원칙과 배려, 사람들 속의 균형을 가져야 한다. 일곱 번째는 언행일치의 언어이다. 생각이 말로, 말이 행동으로 연결되었을 때, 사람들은 리더의 말을 신뢰한다는 것이다.

일반적으로 인간의 커뮤니케이션은 말하기나 듣기, 쓰기 등 언어적 도구로 많이 이루어진다. 하지만 놀랍게도 이러한 언어적 도구의 효과는 전체 커뮤니케이션 효과의 20~30%만을 차지한다고 한다.

즉 언어적 신호만으로는 상대의 의도를 제대로 파악하지 못한다는 것이다. 그렇다면 나머지 70~80%는 무엇으로 구성되는가? 바로 비언어적 신호이다. 즉 손의 움직임, 얼굴 표정, 눈빛, 자세, 복장, 심지어는 손을 얹은 방식 등 모든 것이 의미를 내포하며, 이런 바디랭귀지들이 커뮤니케이션에 있어 70~80%의 역할을 담당한다는 것이다. 미국 UCLA대학 심리학과의 앨버트 멜러비안(Albert Mehrabian) 명예교수는 '침묵하는 메시지'라는 논문에서 인간의 커뮤니케이션의 효과에 영향을 미치는 3가지 요소를 언급했다. 말하는 내용 7%, 말하는 방법 38%, 말하는 모습 55%이다. 그리고 이 논문은 아직도 많은 커뮤니케이션의 연구학자들에게 고전처럼 받아들여지고 있다. 즉 커뮤니케이션은 내용보다 '말하는 방법'과 '말하는 모습'에 의해 달라질 수 있다는 것이다. 아리스토텔레스는 비언어적 신호를 6, 감정을 3, 내용을 1로 할 때, 가장 설득력을 높일 수 있다고 말한다.

메시지를 잘 전달한다는 것이 무엇인지 그 의미를 파악하는 것부터가 쉽지 않다. 강력한 메시지 전달이란 "올바른 내용을 올바른 대상에게 효율적, 효과적인 방식으로 전하는 것"이라고 정의할 수 있다. 여기서 '효율적'이란 말은 전달방식이 잘 되었느냐는 수단에 관한 것이고, '효과적'이라는 것은 결과에 관한 것으로서 상대방이 전달한 내용을 잘 이해했느냐는 것이다. 커뮤니케이션을 이해하려면 4가지 기본요소를 이해하는 것이 필요하다. 첫째 요소는 발신자이고, 둘째 요소는 수신자다. 셋째 요소는 메시지, 넷째 요소는 그 메시지가 전달되는 상황 및 환경이다. 위의 4 가지 요소가 모두 다 제 기능을 발휘해야 효과적인 커뮤니케이션이 일어난다. 메시지를 전달하는 사람으로서 목회자는 목회자의 일상용어, 관심사, 욕구 등으로 구성된 일정한 틀 안에 갇혀 있어서 이것을 벗어나지 못하는 경우가 많다. 강력한 메시지를 전달하려면 고착된 전달자의 틀에서 수신자의 틀로 과감하게 전환해야 한다. 즉 성도들의 입장에 서서 그들의 관심사를 이해하고 그들이 이해하는 용어를 써야 한다는 것이다.

명확한 커뮤니케이션보다 중요한 것은 그리 많지 않다. 특히 리더들에게 있어서는 더욱 그렇다. 보아는 자신의 저서에서 레오나드 스위트(Leonard Sweet)의 말을 인용하며 "세상을 바꾸는 사람들은 바르고 옳은 사람들이 아니다. 세상을 바꾸는 사람들은 자신의 옳음을 다른 사람들에게 의사소통 할 수 있는 사람이다. 분명히 의사소통에 실패하면 다수의 문제가 생긴다. 또한 전달에 문제가 있을 것이다"라고 했다. 아무리 올바른 철학과 능력을 가진 사람이라도, 자신의 뜻을 다른 사람들에게 제대로 알리고 이해시키지 못하면 리더로서의 자격이 없는 것이다. 이것을 가능하게 하는 것은 오로지 커뮤니케이션 밖에 없다. 만일 리더가 자신의 생각을 다른 사람들에게 제대로 전달할 줄 아는 커뮤니케이션의 능력이 없다면 리더의 자질이 없는 것과 마찬가지라는 것이다. 그래서 조직의 성공과 실패를 결정지을 수 있는 커뮤니케이션의 능력 개발이 시급하다고 본다.

# Part 5
# 가정 리더십

# 01 사랑의 언어

 사랑도 공학처럼 사랑하고 사랑받는 기술을 배워야 한다. 결혼생활 50년 그리고 결혼상담 40년을 통해 결혼상담가인 개리 채프먼은 행복한 가정에는 5가지 사랑의 언어가 존재함을 발견해냈다. 그것은 '인정하는 말, 함께하는 시간, 스킨십, 선물, 이타적인 봉사'이다.

미국 청소년교도소에 수감되어 있는 청소년들은 부모와 함께한 시간이 일주일에 30분도 되지 않았다는 통계를 접한 적이 있다. 마찬가지로 부부가 다투면 각방을 쓰거나 말도 섞지 않는 것을 보게 된다. 함께하고 대화를 한다는 자체가 사랑의 징표라는 말이다. 부부가 다툴 때나 부모와 자녀 사이에 언성이 높아질 때 입에서 나오는 언어들이 비난과 비하에 가까운 무례한 용어를 쓴다. 이처럼 말을 함부로 하는 것은 사랑이 없다는 반증이기도 하다. 사랑한다면 언어 순화운동이 일어나야 할 것이다. 무릇 더러운 말은 입 밖에도 내지 말고 덕을 세우는 선한 말을 하여 듣는 자들에게 은혜를 끼치는 말을 해야 한다(엡 4:29). 인정과 격려 및 칭찬은 상대를 존중히 여기는 도구이다. 할머니 손은 약손이라는 말이 있듯이 사랑이 담긴 스킨십은 우리를 젊고 건강하게 만드는 치유책임을 부인 할 수가 없다. 옛날에 부모님들은 퇴근시 가끔 봉투 하나를 들고 올 때가 있었다. 봉투 속에 담긴 것이 금액으로는 사소한 것이었지만 그 속에는 가족을 향한 사랑의 마음이 담겨 있었다. 근래에는 너무나 이기적으로 변해 버려서 상대를 위해 이타적인 헌신이나 봉사는 찾기 어려운 풍경이 되어 버렸다. 상대를 통해 덕을 보려는 사람은 많은데 상대에게 자신을 베풀려는 사람은 보기 드문지 오래이다.

예수께서도 이 5가지 사랑의 언어를 잘 사용하셨다. 자신의 사람들과 늘 함께하셨고, 비난이나 정죄보다는 인정하고 지지하며 용납해주는 언어방식을 쓰셨다. 게다가 예수 그리스도의 사랑이 담긴 스킨십에는 기적이 있었으며, 자신이 친히 우리 구원을 위한 선물이 되었고, 기꺼이 우리를 위해 섬기고 자신을 주시는 삶을 통해 우리를 향한 하나님의 사랑을 확증하셨다. 예수 그리스도는 자기 사람들을 사랑하시되 끝까지 사랑하셨다. 예수 그리스도의 리더십은 사랑의 리더십이다(요 13:1). 원래 사랑(LOVE)은 'Listen Overlook Value Empathy'라는 말이 있다. 즉 부부간에도, 부모와 자녀 간에도 들어주고 덮어주고 귀히 여기고 공감해주는 것이 사랑 리더십인 것이다. 유류파동에도 살아남고 불황에서도 호황을 누린 미국 최대 저가 항공사인 사우스웨스트항공사의 기업이념이, 사랑장인 고린도전서 13장에 기반을 두었다는 사실만 보더라도 사랑의 리더십이 얼마나 중요한지 잘 알 수 있다.

## 02 존중 커뮤니케이션

쉰세대인 부모세대는 무엇이 중요하다고 얘기해 주면 "예" 하고 노트에 받아 적으면서 그것을 그대로 실천하도록 훈련을 받았다. 그러나 신세대인 자녀들은 다르다. 무엇이 중요하다는 결론에 그들은 "왜 중요하냐?"는 질문을 던진다. 그리고 자기들이 경험하지 않은 것은 결코 중요한 일이 아니라고 주장한다. 그러므로 이들과 소통하려면 무조건 지식을 전달하는 대화가 아닌, 마음으로 느끼고 삶을 체험할 수 있게 하는 대화가 중요하다. 무조건 하라고 얘기하고 그 명령이 그대로 순종되었던 이전세대와는 다르기 때문이다. 21세기를 살고 있는 추종자들에게는 높은 가치관을 가지고 그들과 삶을 나누며, 그들에게 삶의 모범이 될 수 있는 가치관을 삶 가운데 실천하는 리더십이 필요하다. 이런 상황에서는 과거의 전통적인 X 경영이론의 통제 커뮤니케이션 체제보다는 새로운 Y 경영이론의 존중 커뮤니케이션 채널 확보가 중요하다. 왜냐하면 이제는 소통이 결여된 리더십은 언젠가는 무너지고 말 것이기 때문이다.

XY 경영이론은 미국 MIT 교수였던 맥그리거가 주장한 이론인데, 그는 기업 경영자나 관리자가 기업 구성원의 근본적인 본성에 대한 관점을 크게 부정적인 시각인 X이론과 긍정적인 시각인 Y이론으로 정리하였다. 만약 구성원을 바라보는 시각이 X이론에 가깝다면 캠페인이나 명령 또는 지시와 같은 상의하달식 커뮤니케이션을 주로 사용하게 되고, Y이론에 가깝다면 구성원 개개인의 자발적인 능력을 인정하고, 하의상달식 커뮤니케이션에 주력하게 되는 것이 일반적이다. 리더가 구성원에 대해서 X이론에 가까운 시각을 고집하는 경우, 하의상달식의 커뮤니케이션은 사실상 원천봉쇄 되기 쉽다. 물론 X이론에 바탕을 둔 지시와 명령 그리고 주장하는 상의하달식 커뮤니케이션 방식이 전적으로 잘못되었다고는 볼 수 없다. 군대와 같은 조직이라든지 생산라인에서와 같이 구성원의 통일되고 일관된 행동이 요구되는 경우에 상당한 효과를 거둬온 것은 사실이기 때문이다.

하지만 오늘날 기업이 처한 현실처럼 하루가 다르게 새로운 제품이 쏟아져 나오고, 인터넷으로 전 세계 제품을 동시에 비교할 수 있는 무한 경쟁 체제에서는 명령이나 지시에 따른 수행만으로는 변화의 속도를 따라잡기가 불가능해진 것이다. 산업 구조 또한 지식기반 산업으로 바뀌어 고도의 전문화된 인력들을 요구하기 때문에 이들의 피드백 없이는 일의 추진 자체가 힘들어졌다. 결국 새로운 경쟁 환경에서 생존하기 위해서는 교육되고 숙련된 지식근로자가 필요하고, 이들이 주류를 형성하면서 과거의 단순 노동자를 바라보는 X이론과는 다른 Y이론에 입각한 시각이 필요하게 된 것이다. 특히 지식이라는 것이 과거의 단순한 노동력처럼 명령이나 지시의 강도에 따라 비례하여 생성되는 것이 아니라, 창의적인 활동 즉 구성원의 자발적인 노력 없이는 불가능한 산물이기 때문에, 커뮤니케이션 환경이 비 권위적인 Y이론의 방법이 새롭게 요구되고 있는 것이다. 이것은 비단 기업에만 국한된 내용이 아니다.

지시와 명령의 전달에만 목적을 두고 상대방의 의견을 청취하지 않는 것은 상대방을 존중하는 커뮤니케이션이 아니다. 자신의 의견이 반영되지 않는다면, 즉 존중의 커뮤니케이션을 제공받지 못한다면, 해당 업무에 대한 열정을 기울이는 것도 힘든 일이고 일은 한다고 해서 만족을 얻기도 힘들다. 상호 존중의 커뮤니케이션은 또한 상위자가 하위자에게 일의 경과나 결과에 대해 피드백해 주는 커뮤니케이션을 포함한다. 상대의 알 권리를 무시하는 것 또한 상대방을 존중하는 커뮤니케이션의 형태가 아니다. 이런 형태는 가정에서도 빈번하게 일어날 수 있다. 만약 부모가 자녀의 알 권리나 의견을 무시하고 남편이나 아내가 상대를 존귀하게 여기지 않는다면 가정의 적신호가 켜질 수 있다(벧전 3:7, 빌 2:29).

## 03 차이 이해

 소통이 안 되는 이유는 여러 가지가 있겠지만, 너무 일방적이거나 상대를 배려하고 이해하려는 노력이 부족했기 때문이 아닐까 싶다. 거기에다가 소통할 줄 아는 기술의 부재라 하겠다. 의사소통의 사전적 정의는 '서로 마음먹은 생각을 교환함'(연세한국어사전)이다. 이것은 들어주는 귀가 필요함을 말해준다. 그런데 우리 사회는 누구나 '입'은 여는데, 들어주는 '귀'는 닫혀있다. 왜 그럴까? 사회는 급변하는데 변화에 따라가지 못하는 우리의 의식 구조 내면에 오랫동안 자리 잡은 권위주의에 따른 일방적인 의사소통 방식 때문은 아닐까? 또한 부부나 부모와 자녀 간에, 여와 야 간에, 쉰 세대와 신세대 간에, 진보와 보수 간에, 정부와 국민 간에, 오너와 근로자 간에, 상사와 부하직원 간에 입장 차이로 인한 불통이 문제다.
 예를 들어 우리부부는 혈액형이 B형과 A형이고, 띠는 말띠와 돼지띠로 한 지붕아래서 함께 산 지 27년째 접어들고 있다. 그러나 아직도 종종 소통의 부재를 겪는다. 우스갯소리로 하면, 돼지는 가만 있는 게 체질이고, 반대로 말은 천방지축으로 날뛰는 체질을 갖고 있기 때문이다. 만약 우리 부부가 상대를 이해하려는 노력이 없었다면 27년을 함께 살기란 어려웠을 것이다. 부부간에는 차이가 존재한다. 성의 차이, 나이로 인한 세대 차이, 집안 문화 차이, 지역 차이, 혈액형으로 인한 성격차이 등이다. 오늘날 가정의 많은 부부가 성격 차이로, 대화가 안 되어 이혼을 한다. 그러나 이혼보다 더 나은 해답은 차이로 인해 갈라서는 것이 아니라 상대에게 없는 것을 자신의 것으로 보완해주는 돕는 배필이 되는 것에 있다. 이러한 차이를 인정하고 이해하는 자세가 선행되어야 소통의 실마리가 풀리기 시작한다. 대부분 부부 상담을 하다보면 자신의 잘못 때문에 이 지경이 되었다고 말하는 부부는 거의 없다. 다들 자신은 잘못이 없고 상대가 문제라고 생각하고 있는 것이다. 그때 해주고 싶은 말은 어느 영화의 대사처럼 "너나 잘하세요"라는 말이다.

'문제아 배후에 문제 부모가 있다.' 상담과 관련된 서적에 자주 나오는 단골 문구이다. 우리 아이들이 사춘기 때 아들 둘 다 문제를 일으켜서 나를 힘들게 한 적이 있다. 그때 나는 사고뭉치인 자식들만 나무랐고, 정작 나 자신의 들보는 보지 못했었다. 그러나 나 자신의 문제된 모습의 실체를 보고 나서야 자녀들에게 용서를 구하고, 자녀들과 소통이 되기 시작했다. 이처럼 의사소통의 가장 큰 적은 '선입견'이다. 세상의 모든 것을 자신이 가지고 있는 지식과 정보로만 해결하려는 생각이 소통을 가로막는 주적이 되기도 한다. 자신은 무조건 옳고 상대는 무조건 틀렸다고 보는 그런 사고가 사라질 때에 소통이 되는 것이다. "상대는 틀린 게 아니라 차이로 인해 다를 뿐이다"는 견해를 가질 때야 비로소 소통이 되기 시작한다는 말이다. 틀리다고 보는 것과 다르다고 보는 것은 관계를 나쁘게도 하고 좋게도 할 수 있다.

그렇다면 소통의 열쇠는 무엇일까? 의사소통의 두 가지 열쇠는 '경청과 배려'이다. 우리 집 두 아이가 비행청소년 시절을 혹독하게 보낸 것도, 아내가 서랍 문을 열고 죽고 싶다는 얘기를 할 정도로 이혼 위기에 봉착한 것도, 모든 것을 나의 잣대로 하는 나의 일방적 방식이 문제였던 것이다. 그 당시 나에게 필요한 것은 경청과 배려였던 것이다. 그러나 우리 사회 현실은 '경청'과 '배려'라는 이 두 가지 모습을 보는 것이 점점 더 낯설어지는 사회가 되어버렸다. 배려는 남의 입장에 서보고 남을 이해해보려는 것이다. 이것은 경영계의 대부인 피터 드러커의 바깥바람(업무의 외도)과 맥을 같이 한다. 즉 시장을 모르면 사람들이 원하는 창조적 경영을 할 수 없다는 것이다. 사람들은 대개 끼리 끼리 어울리는 경향이 있다. 그러나 소통하려면 자기 자리에서 상대의 자리로 내려와 그들이 무엇을 원하는지 알려고 해야 한다. 나의 문제는 아내의 바람(need), 자녀들의 바람(need)을 알려고 하지 않은 데 있었던 것이다.

 최근의 한국 상황은 IMF를 전후하여 중산층은 사라지고 하위층으로 전락하거나 아니면 해외로 도주하고 일확천금만을 노리는, 즉 황금만능주의가 모든 것을 지배하는 최악의 상황으로 몰락해버렸다. 갈수록 부익부 빈익빈의 세상이 되어가는 이 세상이 우리 자녀들이 살아갈 무대가 되어버렸다는 생각을 하면 참으로 참담하다. 이런 배경 뒤에는 나 혼자만 잘 살면 된다는 생각이 도사리고 있으며, 이것은 자신만 챙기려는 속셈이 깔려있는 것이다. 하지만 배타성은 결국 이기주의를 낳을 뿐이다. 갓난아기는 귀엽고 사랑스럽지만 조금만 배고파도 울음을 터뜨릴 정도로 참을성이 없다. 아직 무엇인가를 참는다는 개념이 형성되지 않았고, 그저 지금 당장 배고프다는 것 외에는 아무 생각이 없기 때문이다. 우리 사회에는 불행하게도 참을성

없는 이러한 갓난아이가 많은 것이 사실이다.

가족들과 원만한 관계를 형성하려면 차이를 이해하는 성숙한 의사소통 방법을 익히는 것이 매우 중요하다. 사람이 성숙해진다는 것은 이처럼 자신의 필요와 욕구를 채우기 위해 행동하는 것이 아니라 자신보다 상대방의 필요와 욕구를 먼저 생각하며 행동하는 것이기 때문이다.

## 04 위기를 기회로

목화가 매우 귀했던 시절 '목화 다래바구미' 라는 곤충이 멕시코에서 미국 남부로 넘어와 목화밭을 망쳐 놓았다. 할 수 없이 농부들은 콩, 땅콩을 비롯한 다양한 작물을 재배해야만 했다. 소, 돼지, 닭들을 어떻게 사육하는지도 배웠다. 그 결과 농가의 소득은 목화만 재배할 때보다 훨씬 더 높아졌다. 앨라배마 주의 엔터프라이즈 사람들은 단일 농작물만을 재배하다가 다양한 농작물을 재배함으로써 더 부요해졌다. 너무나 감사해서 다래바구미 기념비까지 세웠다. 비문에는 "목화 다래바구미와 그것이 가져다 준 번영을 진심을 기념하면서"라고 씌어 있었다.

우리는 삶 가운데 있는 문제와 책임을 제거하려는 경향이 있다. 늙고 외로운 어떤 노인에게 "인생에서 가장 무거운 짐이 무엇입니까?"라고 젊은이가 물었다. 그러자 노인은 "짊어질 것이 아무것도 없다는 사실이 가장 무거운 짐이라네"라고 슬프게 대답했다고 한다.

성경의 시편은 역경 속에서 기록되었고 대부분의 서신서들은 감옥에서 씌어졌다. 인류역사상 가장 위대한 사상가들 대부분이 심한 고난의 터널을 통과하며 위대한 사상을 탄생시켰다. 존 번연은 감옥에서 『천로역정』을 썼고, 자기 침대를 옮기기도 힘들 정도로 심하게 아팠던 나이팅게일은 영국의 병원들을 새롭게 재건하였다. 반신불수가 되었고 늘 중풍의 위험 속에서 살아야 했던 파스퇴르는 끊임없이 질병의 멸절을 위해 연구했다.

영화 〈해리포터〉 시리즈를 모르는 사람은 거의 없을 것이다. 영국에서, 아니 세계에서 가장 유명한 여성 작가라고 해도 과언이 아닌 조앤 롤링의 작품인 『해리포터 시리즈』를 영화화한 이 작품은 전 세계적으로 수천만 명이 관람했다. 내 주변 사람들은 영화보다 책으로 '해리포터'를 접한 경우가 많았다. 하지만 나는 개인적으로 좀 더 생생한 영상미를 기대했기 때문에 책보다 영화를 더 좋아한다. 사실 내가 〈해리포터〉를 좋아하는 가장 큰 이유는 흥미진진한 스토리나 신기한 장면이 가득 등장하는 영상미가 아니다. 그것은 바로 영화 전체를 관통하는 메시지 때문이다. 영화는 우정, 신뢰, 사랑, 마술 등 여러 주제를 내세우지만, 가장 두드러진 것은 주인공 해리가 자신의 정체성에 대해 고민하고 갈등하는 것이다. 영화는 해리를 통해 관객들에게 "자기 자신을 믿어라"라는 말을 끊임없이 전달하고 있다. 수많은 난관에 부딪칠 때마다 해리는 "열심히 하는 것보다 더 중요한 건 자기 자신을 믿는 거야.", "역사상 위대했던 마법사들도 전부 처음엔 우리처럼 학생 이었어. 그들이 해냈다면 우리도 문제없어"라며 스스로를 믿으며 어려움을 헤쳐 나간다.

　나는 영화를 볼 때마다 이는 아마도 정부보조금으로 간신히 살아가던 이혼녀, 초라한 단칸방에서 갓난아기를 돌보며 한 손으로는 유모차를 밀고, 한 손으로는 글을 쓰던 작가가 자신에게 보내는 메시지가 아닐까 하는 생각을 하게 된다. 스스로를 믿고 절대로 꿈을 포기하지 말라는 주문을 원고에 걸었기 때문에 결국엔 자신이 바라던 모든 것을 이뤄내지 않았을까? 나 역시 그녀처럼 일상생활 속에서 스스로를 믿는 것보다 강한 것은 없다는 사실을 여러 번 경험하고 있다. 너무 가난하여 아이들에게 동화책도 제대로 사주지 못하는 형편에서 '만약 팔리지 않는다면 우리 딸이나 읽게 하지 뭐.' 하는 심정으로 쓰기 시작했다는 조앤 롤링의 『해리포터 시리즈』는 우연이 아니다. 인생은 성취한 것들의 목록이 아니라 성취보다 많은 실패와 상처가 있다는 것이다. 성숙하기를 원하면서도 아프기는 싫다면 참된 의미의 인생을 살지 않겠다는 말이다. 반가운 사실 하나는 월트 디즈니의 미키 마우스(생쥐)는 늘 힘들고 지쳐 있을 때 우리에게 다가온다는 것이다. 인생의 위기가 기회가 될 때 대박이 나는 것이다. 성경의 인물 요셉, 다니엘 등도 위기를 통해 하나님께서 대박 나게 하신 것이다.

　카카오 스토리에 미국에 사는 한국인 부부의 이야기가 있었다. 남자는 26살인데 운동선수다. 재능은 있지만, 아직 군대를 다녀오지 않은 상태이고, 팔꿈치 수술을 받는 등 안 좋은 일만 가득한 상태이다. 게다가 아이를 포함해 4 식구이지만 월급이 100만원 수준이라,

같은 팀의 세 선수와 함께 월세를 살 정도로 경제적으로도 힘들었다. 결국 가족이 겪는 고통을 더는 볼 수 없었던 그는, 아내에게 이렇게 말했다. "한국에 돌아가자. 이젠 힘들 것 같아." 그러자 아내는 단호한 얼굴로 이렇게 응수했다고 한다. "나랑 애들 신경 쓰지 말고, 여기서 당신이 할 거 해. 당신이 처음 가졌던 꿈을 이루라고. 여기에 꿈을 이루려고 온 거잖아? 당신에게 방해된다면, 우리는 한국 가면 되니까. 당신은 꿈을 포기하지 마!" 당시 아내는 건강도 안 좋은 상태였다. 한쪽 눈이 안 보이기 시작했고, 시력을 잃을 수도 있을 것이라는 진단도 받았다. 하지만 그녀는 남편의 꿈을 지지했고, 그가 꿈을 이룰 것이라고 강력하게 믿었다. 그리고 그 믿음은 곧 현실이 되었다.

이 이야기의 주인공은 최근 7년 간 1,370억원으로 텍사스 레인저스와 계약한 추신수 선수이다. 물론 세금을 내야겠지만, 주급으로 따지면 3억 원이 넘는다. 그들의 이야기를 들은 후, 남자와 여자는 전혀 다른 생각을 하게 된다. 여자들은 "저런 남편이라면 누구든 최고로 내조할 수 있죠. 천억을 벌어오는 남편인데, 뭘 못하겠어요!" 남자들은 "저런 부인을 만나야 성공할 수 있다. 평균 정도의 재능을 가진 추신수를 저렇게 위대한 선수로 만든 내조의 여자를 만나고 싶다!" 많은 남자들은 추신수 아내 같은 여자를, 많은 여자는 추신수 같은 남자를 만나고 싶어 한다. 그러나 그것은 자신이 가진 강점을 모르고, 자신에 대한 믿음과 사랑이 전혀 없는 사람들의 이야기이다. 게다가 본인이 성공하지 못하고 불행한 게 남편이나 부인을 잘 만나지 못한 탓이라 생각한다면, 그는 정말 미련한 사람이다. 아마

많은 남편들이 추신수 아내의 이야기를 듣고, 아내에게 내조를 좀 잘해달라고 이야기를 할 것이다. 그러면 아내들은 대부분 이런 대답을 남편에게 할 것이다. "뭐든 다 할게, 그럼 당신도 추신수처럼 천억 벌어와!"

추신수가 가장 힘들었던 시절, 그는 아내에게 이런 이야기를 했다. "조금만 더 고생해. 이제 다 왔다. 당신 고생한 거 보상받아야지?" 그러자 그녀는 웃으며 이렇게 대답했다고 한다. "보상받으려고 고생하나?" 그렇다. 진짜 믿음은 보상을 기대하지 않는 것이다. 사랑은 '기브 앤드 테이크'가 아니라 '기브 앤드 기브'여야 이런 노력이 가능하다.

방 한 칸에서 생활해야 했던 그들. 그래서 그녀는 남편이 잠을 깨지 않고 잘 수 있게, 2시간마다 젖 달라고 우는 아기를 아파트 복도로 나가 젖을 먹였다고 한다. 둘째 아이를 낳을 때는 남편이 원정중이라 혼자서 병원 가서 출산하고, 큰 아이를 돌보기 위해 출산 다음 날, 둘째 아기를 가랑이 사이에 껴서 운전하고 집으로 돌아왔다. 남편을 위해서 스포츠 마사지사 자격증까지 따 만삭의 몸일 때도 남편을 위해 마사지를 해줬다. 그녀는 내조의 여왕이 아니라 믿음의 왕이었다. 본질은 믿음이다. 상대의 열정을 제대로 쓸 수 있게 만드는 힘은 상대가 아니라 당신에게 있다. 열정이 피라면 믿음은 핏줄이다. 믿음은 열정을 흐르게 만들어 꿈을 이루게 만들어주는 유일한 통로다. 실제로 그녀의 믿음을 만나기 전까지, 추신수는 열정만 가진 실패의 아이콘이었다. 그녀의 믿음을 통해 추신수는 자신이 가지고 있는 진짜 능력을 보여줄 수 있었다. 사람에 대한 믿음이 없다면 아무리 좋은 시설도 기술도 최고의 선수를 만들 수 없는 껍데기일 뿐이다.

사랑에는 '만일(if), 때문에(because), 불구하고(in spite of)'의 사랑이 있다. 그런데 대부분이 '만일, 때문에'의 조건적인 사랑을 한다. 사람들은 결혼식에서 건강할 때나 병들었을 때나, 부유할 때나 가난할 때나 변치 않기로 약속하지만, 후자의 상황이 오면 사랑에 금이 가기도 한다. 이때 병들었어도 가난해졌어도 그럼에도 불구하고 변치 않는 사랑을 한다면, 그게 상대를 믿어주고 기다려주는 무조건적인 사랑이 아닐까 싶다. 내가 가장 사랑하는 사람의 꿈을 이루어지게 하고 싶다면, 방법은 간단하다. 죽어도 믿을 수 없는 부분까지 죽을 만큼 믿으면 된다. 나 역시 병들기도 하고 다 잃기도 했지만 나의 아내는 내 곁을 떠나지 않고 지켜주었기에 오늘의 내가 존재하고 있다고 생각한다. 사랑한다면, 믿어줘라. 함께 지내는 가족을 상대의 마음에 닿을 정도로 믿어주어야 한다. 그러면 머지않아 그들은 당신이 믿은 만큼 성장할 것이다.

## 05 부모 리더십

부모에게도 면허증이 있어야 한다. 그러나 우리 대부분은 부모 준비 없이 부모가 된다. 마치 결혼할 때도 식장이나 결혼날짜, 혼수, 예단, 신혼여행지, 살림집 준비는 하지만, 정작 어떤 남편이 좋은 남편인지, 훌륭한 아내인지에 대한 이해 없이 결혼을 하고 신혼 방을 꾸미게 되는 경우가 대부분이다. 이것은 부모가 되는데도 마찬가지 이다. 아이가 엄마 뱃속에서 나오기 전에 아이의 옷, 신발, 침대, 분유 등 여러 가지를 준비하지만, 이 자녀를 어떻게 키울까 하고 고민하며 준비하지 않고 자녀를 키우게 된다. 어떤 아빠, 어떤 엄마가 좋은 부모이고 훌륭한 부모인지 별로 고민을 하지 않는다. 소위 하드웨어는 준비되어 있는데 운영시스템에 해당되는 소프트웨어는 준비되어 있지 않은 것이다. 대부분 순기능 가정보다 역기능 가정에서 자란 자녀들이 어른이 되어 부모가 되면 어린 시절의 상처가 쓴 뿌리가 되어 언어나 행동이 폭력적이 된다고 한다.

부모는 청지기다. 부모는 본이 되어야 한다. 자녀의 인격과 자유의지를 존중해주고 긍정적인 자화상을 가져야 한다. 부모는 자녀의 자아상을 그려주는 화가이다. 가정의 중심은 자녀가 아니라 부부가 되어야 한다. 아름다운 부부관계가 자녀사랑의 시작이기 때문이다. 태교보다는 태중에 아이를 생기게 한 침대에서의 부부간의 시간이 더 중요하다. 흔히들 성격차이로 이혼한다지만 LA 한인사회에 부부 갈등 원인은 95%가 성문제라고 한다. 로렌스 크랩 역시 이혼의 원인이 대화 그리고 성만족도와 횟수에 비례한다고 밝혔다. 챨스 셀 또한 성이 독이 될 수도 있고 신선한 활력소가 될 수도 있다고 했다. 사실은 성격차이가 아니라 성의 차이로 갈등과 이혼이 발생한다고 보아야 한다. 폴 트루니에는 결혼의 3단계를 '밀월단계, 현실직면단계, 정서적 이혼단계'로 분류했다. 나는 결혼의 3단계를 긍정적으로 보고 에로스, 필리아, 아가페로 분류한다. 이것을 달리 표현한다면 배필의 3 종류로 '바라는 배필, 포기한 배필, 돕는 배필'이다. 여기서 돕는 배필은 자신의 욕구를 채우려 하기보다 배우자의 욕구를 채워주려는 예수 그리스도의 아가페적 사랑을 가진 자를 일컫는다.

남편의 욕구(need)는 성적인 만족, 여가선용의 상대, 매력 있는 여인, 내조, 칭찬이며, 아내의 욕구(need)는 사랑, 대화, 정직, 경제적 필요, 가정에 대한 깊은 관심이다. 20년간 부부상담한 카운슬러 로버트 할리는 그의 베스트셀러 『그 남자의 욕구 그 여자의 갈망』에서 상대의 욕구(need)만 채워도 불화, 외도, 이혼, 결손 되는 가정이 그렇게 많지 않으리라고 확신했다.

어느 교회에서 가정의 달 5월에 가정 세미나를 열었는데 세미나의 주제가 "아내에게 왕처럼 대접받는 비결, 남편에게 왕비처럼 대접받는 비결"이었다. 세미나의 결론은 대접을 받고 싶은 대로 배우자를 왕비 대접해주고 왕 대접을 해주라는 것이었다. 자신은 받고 싶어 하면서도 상대를 그렇게 대하지 못하는 우리의 모습을 잘 지적해주는 내용이다. 천국과 지옥에 가보니 긴 젓가락과 진수성찬은 동일한데, 상대를 먼저 먹여주느냐 자신을 먼저 챙기느냐의 차이라는 말을 들은 적이 있다. 같은 곳을 보아도, 같은 곳에 있어도 천국체질인 사람이 있고 지옥체질인 사람이 있다. 기대의 기준을 낮추고 이타적이면 천국체질인 사람이다. 행복한 가정 하면 나는 밀레의 〈〈만종〉〉이라는 그림이 생각난다. 그 그림에는 행복한 가정의 조건인 신앙, 일터, 화목이 담겨 있음을 발견했기 때문이다.

부모의 유형에는 '독재형, 민주형, 허용형, 방임형'이 있다. 자녀도 유아기, 아동기, 청소년기, 청년기의 변화를 거치듯이 부모 패러다임 역시 자녀 대하는 방식에 변화가 있어야 한다. 의사에서 코치로, 코치에서 가이드로, 가이드에서 친구로의 변화가 필요하다. 애착이나 집착, 소유나 지배, 강요나 조종은 사랑이 아니다. 그건 잘못된 사랑의 방식이다. 부모의 잘못된 사랑의 6가지 유형은 '과잉보호, 무절제, 권위 없는 사랑, 편애, 완벽주의, 끊임없이 요구하고 기대하는 것'이다. 그러나 무엇보다 좋은 것은 자녀의 작은 성취에도 아낌없이 칭찬과 격려를 아끼지 않는 것이다. 그러므로 부모는 조건부 사랑이 아닌 있는 그대로의 사랑을 해야 한다. 그러나 사랑도 훈계와의 균형이 필요해 보인다. 왜냐하면 사랑 없는 훈계는 자녀에게 상처와 분노를 가져다주는 반면에, 훈계 없는 사랑은 자녀를 그릇된 길로 가게 해서 자녀를 망치게 하기 때문이다. 효과적인 훈계방식은 다음과 같다. 잘못은 다루되 인격은 존중해야 하며, 부부가 한 뜻이어야 하고, 부모의 말이나 태도 및 규칙이 일관성이 있어야 하며, 감정폭발이 아닌 교정이 되어야 한다. 그리고 무엇보다 비교하지 말아야 한다.

교육학 용어에 '피그말리온 효과'와 '스티그마 효과'가 있다. '피그말리온 효과'는 교사가 학생에게 좋은 말을 해주고 기대하면 그대로 이루어진다는 것이다. 긍정적으로 칭찬해주면 그런 방향으로 결과가 나온다. 초등학교 1학년 아이에게 "너는 참 공부도 잘하겠다."라고 교사가 말해주면 이 아이는 갈수록 공부를 잘한다는 것이다.

그래서 유치원과 초등학교 교사가 참으로 중요하다. 이와 반대로 '스티그마 효과'란 그리스 말로 안 된다고 하면 안 된다는 것이다. 부정적인 면을 강조하면 안 되는 경향으로 흘러간다는 것이다. 초등학교 1학년 교사가 첫 교시에 교실에 들어갔을 때 아이가 책상 위를 뛰고 난리다. 이 때 교사가 "너는 텄다"라고 하면 이 아이는 갈수록 문제아로 빠질 확률이 높다. 이런 것을 보고 '낙인이론'이라고 한다. 어떤 라벨을 붙여주느냐에 따라 그렇게 아이는 자라고 마는 것이다. "이 바보 같은", "이 멍텅구리 같은", "넌 제대로 하는 일이 뭐가 있니, 밥이나 잘 먹을까", "넌 늘 말썽만 피우니"라고 말하면 아이의 자존감은 매우 낮아져 문제아가 될 확률이 높아진다는 것이다.

아이의 자존감을 높여주는 가장 흔하면서도 중요한 방법은 칭찬하는 것이다. 칭찬하면 아이의 자존감이 높아진다. 미국 최고 연봉자 찰스 스왑은 "사람들로 하여금 최고의 가능성을 발휘하게 하는 것은 칭찬과 격려이다"라고 했다. 아이를 사랑하는 부모라면 책망과 야단보다는 칭찬과 격려를 더 많이 해야 한다.

## 06 사랑 리더십의 수업 피드백
### (백석문화대학교 산업체 사내대학)

영국의 철학자이자 수학자인 앨프리드 화이트헤드는 '교사'에 대해 다음과 같이 이야기 하였다. "보통 교사는 지껄인다. 좋은 교사는 잘 가르친다. 훌륭한 교사는 스스로 해 보인다. 위대한 교사는 가슴에 불을 지른다." 감성 리더십이 요구되는 이 시대에 적절한 표현이 아닐까 싶다.

다음은 나의 수업이 끝나고 학생들이 수업에 대한 피드백을 올린 사례 중 몇 가지를 옮겨본 것이다.

\*\*\*

오늘은 홈과 스위트 홈에 대한 수업을 하셨는데, 개리 채프먼의 5가지 사랑의 언어가 인상 깊었습니다. 함께하는 시간, 존중, 스킨십, 선물, 이타적 생각... 나는 어떠한 언어로 살고 있나, 또 우리 가족에게 나는 어떻게 대하고 있는지 다시 한 번 생각하게 되네요. 늘 내 옆에 있고 당연하게 여기는 나의 집에 대해 다시 생각하는 계기가 되었습니다. 저는 무교지만 하나님의 사랑이 궁금해지기도 합니다. 예수께서 주시는 아가페적인 사랑을 저도 느껴보고 싶네요.

오늘 사랑, 가정에 대해서 강의를 해주셨는데, 목사님이 말씀 하시는 게 저 인 거 같아서 찔렸습니다. 그렇지만 오늘 목사님의 말씀을 듣고 많은 걸 깨달았습니다. 특히 개리 채프먼의 다섯 가지 사랑의 언어를 설명해주실 때 정말 인상 깊었습니다.

오늘 강의 정말 감사드립니다. 목사님 강의를 듣고 집에 가서 바로 컴퓨터를 켜지 않고 오늘 목사님이 해주신 하우스와 홈의 차이, 사랑의 언어 5가지 등등 평소 부끄러워서 나누지 못한 진솔한 대화를 나누었습니다. 목사님의 강의 덕에 저희 가족이 더욱 사랑이 넘치게 된 것 같습니다. 앞으로도 뜻 깊은 기독교윤리 시간 강의 부탁드립니다.

안녕하십니까 ㅎㅎ 목사님 설교(?)를 듣고 마음이 너무 아팠습니다. 저의 가정이 조금 대화가 공격적이어서 서로에게 상처를 주거든요. 아무리 저 혼자 노력해서 풀리는 일도 아니라서 집 들어가기 싫을 때도 많습니다. 오늘 목사님 설교를 듣고 저 혼자 노력 하는 게 아니라 하나님과 함께 이 문제에 관하여 기도해야겠다고 생각했습니다. 감사합니다. ㅎㅎ

이번 주 목요일 첫 교시 강의 주제가 종이신 예수라는 부분이었는데, 예수는 높은 자리에 있어도 권세를 부리지 아니하고 오히려 종들에게 섬김과 희생을 하였다는 강의를 하였는데, 이런 예수님의 모습도 있다는 걸 새로 깨닫고 내가 리더의 자리에 있어도 예수님과 같은 기독교적 리더가 되어야겠다는 생각입니다. 물론 꼭 리더가 아니더라도 친구들이나 동생들 아는 지인 모두에게 섬김과 희생을 한다면 그분들에게 섬김을 받는 존재가 되겠다는 걸 느꼈습니다. 교수님의 강의가 성경을 공부하는데 많은 도움이 되고 앞으로 남은 강의도 더 기대가 됩니다.

사실 어제 목사님이 home과 house를 얘기하실 때 과연 우리 집은 어떤 집일까? 하고 진지하게 생각하는 기회가 되었고, 집에 대한 애착과 부모님의 소중함 등을 깨달았습니다. 항상 좋은 강의해주셔서 너무 고맙고 유쾌하셔서 힘든 간호과 생활에도 이 시간만큼은 찡그리지 않고 수업을 듣고 있어 힐링의 시간입니다! 감사합니다. 교수님

어제 목사님 말씀 중 저는 serve의 약자를 하나씩 알려주실 때 대인관계 이 부분이 제일 기억에 많이 남았습니다. 대인관계가 잘 이루어지려면 섬겨주고 희생해야 하고, 나의 희생 없이 내 좋을 대로만 나가면 정작 내가 힘들 땐 주위에 아무도 없다는 것, 하지만 내가 섬기고 희생하면 주위에 사람들이 내가 힘들 때 찾아와 주고 도와준다는 점이 제일 감명 깊었습니다. 그리고 목사님 어제 너무 웃겼어요. 여자라 더 찔린 것도 있었구요. ㅋㅋㅋ

목사님께서 오늘 강의에서 home과 house의 차이에 대해 말씀해주셨는데, 너무 재밌고 유익한 수업이었어요! 제가 살고 있는 집이 house인지 home인지에 대해 생각해 볼 수 있는 시간을 가졌습니다. 또 저는 남이 저를 행복하게 해주는 것을 많이 바래왔었는데 너무 자기중심적이었다는 생각에 너무 부끄러웠습니다. 목사님 말씀을 듣고 나선 앞으론 제가 남을 행복하게 해줄 수 있는 사람이 되고자 노력할 생각입니다. 오늘 정말 좋은 강의셨고 담주에도 잘 부탁드립니다.

목사님 오늘 수업 너무 좋았습니다~! 믿는 사람으로서 다시 한 번

하나님의 사랑을 깨닫게 되었고, 목사님의 간증 또한 좋았습니다. 저도 예수님 닮은 삶, 모든 사람들을 사랑하고 감싸주는 삶이 되고 싶고, 저희 집이 house가 아닌 home이 되길 원합니다~! 목사님 수업 너무너무 좋습니다~! 항상 좋은 수업 감사합니다.

교수님 오늘 교수님의 강의 듣고 진짜 집이란 이타적인 행동을 해야 한다는 걸 알았어용. 오늘 강의 중 교수님의 옛날 얘기는 정말 눈물 날 만큼 감동적이었어요. 저도 이기적으로만 생각하지 말고 상대방에게 보탬이 되는 사람이 될게요. 오늘 강의 짱, 아아 그리고 저 독신주의자였는데, 교수님 말씀 듣고 교수님 같은 분 만나야겠다고 생각했어요. 감사합니다.

저는 목사님 강의 중 마음에 와 닿았던 부분이 house와 home의 차이였어요. 사랑과 이해와 존중이 있는 가정이 home이라는 말씀을 듣고, 과연 우리 집은 home일까 house일까 라는 생각을 하게 됐습니다. 그리고 누구 하나만 노력해서 되는 일이 아니라 가족 구성원 전부가 노력해야만 home이 될 수 있다는 생각이 들어서 목사님 강의를 들은 후로 제가 먼저 사랑한다는 말을 직접은 아니더라도 톡으로 항상 보내고 있습니다! 이런 좋은 강의를 목사님께 들을 수 있어서 너무 좋고, 앞으로도 재밌게 강의 부탁드릴게요~ 감사합니다!

목사님 항상 수업 재밌고 알차게 듣고 있어요. ㅎ 제가 무교라서 처음에 좀 거부감이 들었는데 목사님이 친근하게 가르쳐주셔서 항상 기대하고 수업에 들어가게 되요. ㅎ 수업내용도 알차서 빠뜨릴게 없는 거 같아요. ㅎㅎ 좋은 가르침 감사드립니다.

## 07 부모리더십 교실 피드백(남양주시 장내초등학교)

4학년, 2학년 남매를 키우는 중 아이들끼리 말다툼하는 것을 보고 통제하고 통제하는 반복적인 일상이 너무 힘들었습니다. 교회에 다니며 말씀으로 세우려고도 해보고 그동안 양육방법들의 교재며, TV를 보며 정보를 얻어 많이 들어 있는 것은 많았지만, 나의 게으름과 내 내면으로 아이와 충돌하여 이렇다 할 성과들이 없었고, 잠깐식의 맛만을 보며 지나치고 지나갔습니다. 그런데 올 초부터는 뭔가를 다시 시작해야겠다라는 생각을 갖고 있던 시점에 이 강의를 듣게 되었으며, 듣는 과정 중에 그동안 듣고 배웠던 모든 것들이 다시 새록새록 생각나며 아이들과 남편에게 적용하고 있는 중입니다. 제겐 뭔가를 다시 시작하는 좋은 시발점이 되었습니다.

저는 3명의 아이를 둔 엄마입니다(초3 여자, 초1 남자, 유치원 5세). 항상 엄마로서 어려움을 느끼는 것이 있었습니다. 아이들과 말할 때의 어려움입니다. 아이들과 가까이 가려고 대화를 시도하지만 어느 순간 훈육을 하게 되고, 아이들과 게임을 하다가도 아이들이 칭얼거리고 삐지고 하면 저도 모르게 화를 내면서 모든 일들이 종결되었지요. 모든 것은 부모로부터 시작된다고 생각됩니다. 여러 가지

고민이 있었는데 이번 교육을 통해서 아이와의 관계를 다시 한 번 생각하게 되었고요. 아 내 아이도, 나도, 우리가족의 환경도 바뀔 수 있다는 희망이 생겼습니다. 남자와 여자의 차이를 조금 더 알게 되어 흥미로웠고요. 가족은 남편과의 관계가 더 중요하다는 것을 다시 한 번 알게 되었습니다. 좋은 강의를 해주셔서 너무 감사합니다. 다음에도 더 좋은 내용으로 강의해 주셨으면 좋겠습니다.

교수님 5주간 강의 잘 들었습니다. 전 아이가 1학년이고 외아들입니다. 아직까지 제가 아이를 교육하고 지도하는데 있어 고민이나 문제는 크게 없다고 생각합니다. 다만 이제 학교에 들어가고, 점점 성장하는 과정에서 부모와 부딪치는 일이 생길 것이고, 그럴 때 어떻게 대처해야 할지에 대해 고민을 많이 하고 있습니다. 그런 부분에서 아이와 어떻게 소통해야 하는지에 대해 가이드라인을 잡고 감을 잡는데 많은 도움이 되었다고 생각합니다. 아이의 교육방향을 잡는데도 많은 도움을 받았습니다. 감사합니다. 다음번에도 좋은 강의로 다시 뵐 수 있었으면 좋겠습니다.

아들을 키우면서 허용과 규제를 어떻게 조율해야 할지에 대해 고민했었습니다. 그동안 많이 허용해주었더니 자신감과 자존감을 높아진 것 같지만, 규제함에 있어서 양육태도가 바뀌는 엄마에게 반항하는 것 같아 좀 힘들었거든요. 이 강의를 통해 남자아이와 여자아이가 다르고 대하는 태도를 다르게 해야 한다는 것을 배웠습니다. 사랑의 언어와 훈계방법을 배웠으니 가정에서 더 바르게 키울 수 있도록 하겠습니다. 오늘 마지막 시간까지 대인관계의 방법을 배울 수 있어서 도움이 많이 되었습니다. 즐겁고 흥미롭게 강의해주신 강금연 교수님 감사합니다.

5주 강의하시는 동안 고생하셨습니다. 특별한 준비 없이 들은 강의지만 회를 거듭하면서 좋은 말씀에 배운 것도 많이 있었습니다. 내 아이와의 소통을 어느 정도 하고 있는지 내 아이에 대해 나는 얼마나 알고 있는지 그리고 이런 것을 알기 위해 부부관계의 중요성에 대해 강의해주신 부분이 가장 마음에 들었습니다. 항상 알면서도 실천하지 못하는 부분이지만 교육을 받는 동안 실천하려고 노력하는 제 자신도 발견하게 되어 좋았습니다. 앞으로도 다른 곳에서도 좋은 강의로 뵙기를 바라겠습니다.

이제 초등학교 입학한 아이를 둔 엄마로서 아이나 저나 통제를 어떻게 해야 하는지, 어떻게 받아들여질지가 가장 고민이었으나 교수님의 강의를 듣고 아이의 역량이란 기준으로 조금 수월해지긴 하였으나 아직도 많이 힘들어하는 아이를 볼 때 좀 불쌍한 것 같기도 합니다. 요즘 너무 많은 정보 속에서 나름 기준으로 키운다고 하지만 많이 혼란스러워하고 있던 차에 저학년과 고학년 기준으로 또한 여아와 남아의 기준으로 자세히 말씀해주셔서 다시 한 번 마음을 다스릴 수 있는 기회였습니다. 앞으로 교수님의 말씀을 되새기며 힘들 때마다 강의하신 책자를 들추며 아이를 키우는데 많은 도움이 될 것 같습니다. 열강 감사드립니다.

초등학교 첫 입학과 함께 그동안의 고민이 육아였다면 이제는 옳은 교육과 아이를 바르게 성장할 수 있도록 이끄는 부모의 역할을 배워야 하겠다는 생각이 들었습니다. 강금연 교수님의 강의를 듣고 올바른 교육과 부모의 역할을 나름대로 정의내릴 수 있었습니다. 좋은 강의 열과 성을 다하시어 즐겁게 진행해주시어 5번 모두 찾아오는 발걸음이 너무나 가볍고 유쾌했습니다. 강의를 듣기 전 제가 가졌던 막연함이 어느 정도 구체적으로 정리가 되었습니다. 부모교육을 리더십과 연계하여 진행한 내용에 대해서 아이의 교육에 있어 리더십이 필요하구나 새로이 알게 되었고, 직접 자녀교육에 임하셨던 경험담은 그 어떤 미사어구보다 더 깊은 감동과 깨달음을 전달해 주셨습니다. 더불어 성과를 위한 리더십과 사람중심의 리더십을 알게 되어 저의 앞으로 교육에 많은 도움을 줄 것 같습니다. 좋은 강의 정말 감사했습니다.

저는 3학년 남자아이의 부모입니다. 제가 이미 2학년 초에 둘째 아이를 출산하게 되어서 첫째아이에게 다소 소홀해진 부분을 걱정하였습니다. 사랑을 혼자만 받아온 첫째아이에게 동생의 등장은 여러모로 아이에게 장단점을 가져다 준 것 같습니다. 이번 강의를 통해서 엄마로서 부족했던 점을 많이 배우고 강의를 듣고 집에 돌아가면 조금은 달라진 모습으로 아이에게 다가갔습니다. 교수님의 강의는 어렵지 않고 교수님의 말씀은 모두 공감이 가는 부분이 많았습니다. 그동안 수고 많으셨고 강의 잘 들었습니다.

## 08 진로 코칭

  자신의 진로를 찾는다는 것이 쉽지 않은 게 사실이다. 주변에는 의외로 어떻게 자신의 길을 열어가야 하는지 고민하는 사람들이 많다. 크리스천으로서 영리를 목적으로 할 것일지, 아니면 사명으로 할 것인지도 문제다. 그러다가 다수의 자기 계발 서에서 종합적으로 강조하고 있는 공통부분이 있어서 소개해보고자 한다. 우선은 무엇보다 자신이 원하는 욕구가 무엇인지를 발견하는 것이다. 다시 말해서 자신이 하고 싶은 것이 무엇인지를 알아야 한다. 물론 육신의 욕구도 있고 성령의 욕구도 있지만 이분법적 논리보다는 두 개의 욕구를 융합하는 것이 좋다. 자기의 기쁘신 뜻을 위해 소원을 두고 행하시는 하나님이시기에 그렇다(빌 2:13). 그 후 자신에게 그것을 이룰 수 있는 소질이 있는지를 봐야한다. 이것은 유전인자이다. 친가나 외가 쪽의 직업을 조부모에서 형제자매까지 살펴보는 것도 자신의 물려받은 끼를 확인하는 좋은 방법이 될 것이다. 그 다음 추가적으로 자신의 적성검사(MBTI) 결과를 참고해야 한다.

  그렇다고 해도 자신이 그 부분을 좋아하고 즐겨하고 있었는지 자문해봐야 한다. 왜냐하면 자신이 싫으면 무슨 일이든 열정을 갖고 하지 않기 때문이다. 만약 하고자 하는 것이 없다면 길 되신 예수 그리스도를 만나는 것이 급선무이다. 마지못해 억지로 해서 좋은 결과를 만들어내기란 어려운 것이다. 참고적으로 자신이 지금까지 무엇을 줄곧 해왔고 어떤 부분에 관심을 갖고 있었는지를 살펴본다면 그

부분이 자신이 즐겨 해온 것으로 보는 게 합리적이다. 나 같은 경우도 예수 그리스도 리더십 쪽으로 박사학위를 받게 된 계기가 어느 날 보니 내가 읽고 있는 책 대부분이 예수 그리스도와 관련된 책 아니면 리더십에 관련된 책이 다수였기 때문이었다. 물론 신학분야에서 예수 그리스도의 리더십에 관한 연구가 전무한 상황이라 어려웠지만 그래도 지금은 나름대로 보람을 갖고 있다. 그리고 난 다음 그것이 사람들의 수요나 필요 그리고 고통해결에 도움이 되는지를 봐야 할 것이다. 왜냐하면 수요 없는 공급은 헛수고가 될 수 있고 사람들의 고통을 경감하고 사람들의 필요를 채우지 않는다면 보람과 가치를 발견할 수 없기 때문이다.

또한 자신이 그 분야에서 경쟁력이 있을 만큼 독보적이거나 전문성이 있는지도 검토해야 한다. 그러나 아무리 경쟁력이 있어도 틈새시장을 노리지 않는다면 정글의 법칙에서 후발주자로서 살아남기가 어려울 것이다. 그러기 위해선 유사한 업종에 먼저 종사하고 있는 사람들의 경험담이나 연구가 필요해 보이며 보다 더 전문화되고 세심해져야 할 것이다.

끝으로 성경적인 도덕 기준에 부합한지를 봐야 한다. 세상에는 돈은 되는데 윤리적으로 적합하지 않은 다양한 직업군이 너무 많기 때문이다. 영리보다 사명이나 소명을 먼저 이루고자 한다면 거기서 자연스럽게 그 수고에 걸맞은 영리가 발생할 것이라 믿어 의심치 않는다. 무엇보다 다윗처럼 주어진 현실에서 최선을 다하고 자신의 분야에서 능숙성을 갖추어 나간다면 목동의 자리에서 왕의 자리로 또 다른 인생의 도약을 경험하게 될 것이다(시 78:72).

소명교육개발원 대표인 신동열 목사는 『소명에 답하다』라는 저서에서 직업을 선택하기 위한 여섯 가지 가이드를 소개하고 있다. 그 내용이 진로를 찾는 이들에게 도움이 될 것 같아 간추려 옮겨보고자 한다. 직업을 선택할 때 한 번의 선택으로 너무 많은 것을 얻으려 하는 것은 좋지 않다. 좋은 조건과 환경을 하나님의 축복으로 여기는 문화가 팽배하기에 일 자체의 적합성보다는 직업을 통해 따라올 다양한 혜택을 생각하느라 직업을 선택하기가 어려운 것이다. 그러나 이제는 자신의 한계를 인식하고 하나를 선택했기 때문에 다른 하나는 포기해야 하는 상실감을 경험해야 한다. 확실히 선택을 하고 다른 것과는 모두 이별해야 자신이 선택한 것에 힘과 역량을 집중할 수 있다.

어떤 직업을 가지려면 그 동기와 근원을 잘 살펴야 한다. 동기가 분명하지 않으면 끝까지 못하고 중도에 포기하기 십상이다. 동기가 확실하다는 것은 그 동기가 자신이 생각하고 고민한 데서 나온 것이어야 한다. 동기는 많을수록 좋다. 하나님이 기뻐하실 것 같다는 동기 외에도 그 일이 자신에게 어울리는지 그리고 그 일에 대한 흥미와 관심, 그 일을 통해 필요한 재정이 충당된다는 등의 동기가 있어야 한다. 예를 들어 같은 영화를 놓고서도 누군가는 치밀한 구성에, 누군가는 대사에, 누군가는 영화음악에, 누군가는 카메라 구도에, 누군가는 거대한 영화산업 시장에, 누군가는 배우들이 입은 의상에 끌리고 반응하기 때문이다. 어떤 직업을 좋아하게 되어 열심히 하는 것도 좋지만 내 안의 무엇이 그 직업에 끌려가는지 살펴보는 것이 더 중요하다. 그리고 자신이 좋아하는 직업에 대한 정확한 정보를 가지고 자신이 적합한지도 진단해야 한다. 끝으로 그 일이 직업을 삼을 만큼 나에게 절실하고 적합한지 점검하라는 것이다. 이를 위해서는 그 일을 간접적으로 경험해 보아야 한다.

노트에 당신의 소중한 마음을 적으라. 그리고 직업에 관해 원하는 것을 구체적으로 적으라. 어떤 형태의 일을 하고 싶은지, 함께 일하는 사람들은 어떤 이들이기를 바라는지, 그 일을 통해 실제적으로 얻고 싶은 것은 무엇인지 등을 적어 보는 것이다. 쓰고 지우고를 반복하다가 그 기준들을 다시 우선순위로 정리해야 한다. 왜냐하면 우리의 마음은 믿을 만한 것이 못 되기 때문이다. 종종 우리의 마음이 충동적이 될 소지가 있기 때문이다. 직업이란 다른 사람이 나에게 주는 것이라고 할 수 있다. 그러면 사람들은 왜 그 일을 나에게 맡기는 것일까? 그것은 그 일을 잘 감당할 것이라고 나를 신뢰하기 때문이다. 내가 원하기 때문에 주는 것이 아니라, 나를 믿기 때문에 직업을 준 것이다. 신뢰하는 사람에게 일을 맡기는 것은 너무나도 당연하다. 자신에 관한 다른 사람들의 평가를 냉정히 살피지 않은 채, 그저 막연히 감상에 젖어 있는 이들이 많다. 그러므로 철저히 상대방의 관점에서 자신의 신뢰성을 평가해 봐야 한다.

하고 싶은 일이 있다면, 왜 그 일을 하고 싶은지 동기를 살펴야 한다. 동기가 좋아도 그 일을 감당할 수 있다는 신뢰감을 형성하지 못하면 그 일을 맡기 어렵다. 또한 잘하는 일이 있다면, 그러한 평가가 누구에 의해 이루어진 것인지 살펴봐야 한다. 그저 단순한 자신의 느낌일 뿐인지, 아니면 타인들에 의해 객관적으로 인정받은 능력인지를 살펴야 한다. 다른 사람들도 인정한다면 잘하는 일을 하면서 하고 싶은 일을 준비해나가며 하면 된다. 잘하는 일로 세상 속에 들어가는 것이 하고 싶은 일로 들어가는 것보다 정착하고 인정받기가 더 수월할 수 있기 때문이다. 그러니 이 원칙은 나이에 따라 달라질 수 있는데 나이가 어릴수록 하고 싶은 일을 하고, 나이가 많을수록 잘하는 일을 하는 것이 좋다. 여기서 나이가 어릴 때란 실패를 해도 곧바로 극복할 수 있는 때이다. 그러나 누군가를 책임지고 가정과 삶을 안정되게 꾸려야 한다면 그때는 하고 싶은 것보다는 잘하는 것을 직업으로 선택해야 한다는 것이다.

끝으로 내게 가장 적합한 직업은 과거의 경험, 현재의 환경, 주어진 기회들, 개인의 은사, 성령의 자극, 개인의 열정, 멘토나 전문가와의 상담 등을 고려해서 선택하고 결정하는 것이 좋겠다.

## 09 칠전팔기 셀프 리더십 (잠 24:16)

만약 건물 기초에 심한 결함이 있는데 적절하게 수리하지 못한다면, 얼마 못가서 건물을 훼손시키며 급기야는 건물을 무너지게 할 수 있다. 마찬가지로 리더 역시 문제가 발생할 경우 적절히 수리를 받지 못하면 비극으로 끝날 수도 있다. 성공적인 리더들의 몰락의 원인 조사결과 셀프 리더십의 부재였기 때문이다(딤전 3:2-7). 경영 중에 가장 중요한 것은 자기 경영 즉 셀프 리더십이다. 셀프 리더십이란 '자기경영', 즉 자신을 다스리고 통제하는 능력을 의미하는 것이다. 이것은 리더십의 궁극적인 성공이 자기 자신을 얼마나 잘 관리하느냐에 달려 있음을 보여준다. 자기 관리를 하지 못하는 사람은 다른 무엇도 관리할 수 없기 때문이다. 오늘날 리더의 자리에 오른 많은 사람들 중에는 다른 사람들을 잘 이끌어 가는데, 자기 자신을 다스리고 통제하는 능력이 없어서 리더십의 정점에서 무너지는 경우가 종종 있다. 외관상으로는 화려한 성공을 거둔 것 같고 탁월한 리더십의 능력을 가진 것 같은데, 내면세계의 밑바닥에는 보이지 않는 균열이 있어서 그동안 쌓아 올린 리더로서의 명성이 한 순간에 무너지는 사람들을 자주 보게 된다.

위대한 사역자 사도 바울 역시 예외가 아니었음을 보게 된다. "내가 내 몸을 쳐 복종하게 함은 내가 남에게 전파한 후에 자신이 도리어 버림을 당할까 두려워함이로다"(고전 9:27). 주의 영이 임하면 새롭게 되길 소망하게 되는데 여기서 셀프리더십은 시작된다. 이 셀프 리더십은 옛사람을 버리고 새사람을 입는 것이다(골 3:1-10). 헨리 블랙가비는 훌륭한 리더가 되려면 다섯 가지 삶의 영역에서 충분한 시간을 확보하라고 말한다. '하나님과 함께하는 시간, 가족과 보내는 시간, 건강관리에 투자하는 시간, 사람에게 지혜롭게 투자하는 시간, 시간 도둑을 잡는 데' 시간을 쓰라는 것이다. 여기서 시간관리를 포함한 셀프 리더십의 중요성에 대해 언급하고자 한다.

1) 비전 관리

꿈이 없는 백성은 망한다(잠 29:18). 여기서 꿈은 비전을 말한다. 영어성경 표현을 빌리자면 사람은 비전이 없으면 아무렇게나 살거나 함부로 살다가 망하는 경향이 있다는 것이다. 세상은 비전을 가진 자들에 의해 움직이고 그들에 의해 지배된다.

빌 게이츠는 대학을 중퇴하고 1975년에 '모든 가정의 책상 위에 pc를!' 이라는 비전을 품고 허름한 창고에서 컴퓨터부품을 만지작거리며 야무진 꿈을 키워나갔다. 그리고 그후 16년 후엔 또 다른 꿈 'pc에서 모든 것을' 이란 비전을 가졌다. 지금은 그의 비전이 현실이 되어 우리가 가정에서나 사무실에서 개인 컴퓨터를 쓸 수 있게 된 것이다.

꿈을 이루는 자와 몽상가의 차이는 '확신' 이다. 그렇게 되었으면 좋겠다 하며 늘 꿈만 꾸는 사람은 몽상가이지만, 그 확신을 향해 구체적인 행동을 취하는 사람은 꿈을 이루는 사람이다. 꿈을 이룬 사람들의 공통적인 특징은 꿈이 이루어지기 전에 반드시 그 꿈을 표현한다는 것이다. 링컨의 노예해방선언이나 100년 뒤 마틴 루터 킹 목사의 '나에게는 꿈이 있습니다' 라는 워싱턴광장 연설은 단적인 좋은 예다.

몽상가는 꿈만 꾼다. 그 꿈을 위해 아무것도 하지 않지만, 꿈을 이루는 자는 꿈을 위해 자신을 준비한다. 모세를 보면 하나님은 한 사람을 부르시고 금방 어떤 자리에 올려서 바로 쓰시는 분이 아니다. 꿈을 이루려면 광야학교를 인내로 통과해야 한다. 예수 그리스도의 공생애 사역도 성령께서 예수 그리스도를 광야로 데리고 가서 사탄과의 일전을 치르면서부터이다. 고독과의 싸움, 인격의 연마, 실력의 연마를 거쳐야 꿈의 무대를 밟을 수 있는 것이다. 때론 다윗처럼 하나님이 기회를 주실 때까지 잠잠히 기다리며 실력을 쌓아야 되는 경우도 있다꿈은 글로 적어야 한다. 적은 꿈을 볼 때마다 내 모든 에너지가 꿈을 향해 준비하도록 한다. 꿈을 향해 나아가기 위해서는 단기적인 계획과 장기적인 계획을 세워야 한다. 성취라는 것은 수없는 실패의 끝에 붙어있는 열매이다. 모든 성취는 고통이라는 양분을 먹고 자란다. 실패의 아픔과 상처가 없는 것은 무덤뿐이다. 우리가 잘 알다시피 에디슨의 전구 발명은 2만 번 실패한 후의 결과물이다. 예수 그리스도의 제자 베드로 역시 호언장담 후 실패를 통해 수제자로 거듭났다. 실패를 최종적인 것으로 받아들이지 않으면 실패자가 아니다. 존 맥스웰은 실패의 이유 5가지를 '경험, 지식, 시간, 자료, 기도'의 부족으로 말한 바 있다.

"성공에 도달하는 방법은 우선 구체적이고 분명하며 실제적인 이상, 즉 목표를 세우는 것이고, 둘째는 그 목표를 달성하기 위해 필요한 수단 즉 지혜, 돈, 자료, 방법을 갖추는 일이며, 셋째는 당신의 모든 수단을 목표에 맞추는 일이다"라고 아리스토텔레스가 말하였다. 예일대 입학생들을 대상으로 설문조사를 한 적이 있다. 자신의 목표를 구체적으로 써보라는 설문이었다. 참으로 우수한 인적자원들이었지만 그들 중 97%의 학생들은 자신의 목표를 구체적으로 기록하지 못하였다. 3%의 학생들만이 자신의 구체적인 목표를 기록했으며, 졸업 후 25년의 세월이 지난 다음 3% 학생들의 재산이 97% 학생들의 합친 재산보다 많았다는 것이다. 이것은 미래에 대한 구체적인 생각이나 구체적인 목표를 갖고 사는 것이 너무 중요함을 일깨워 주고 있다.

비전을 이루기 위해서는 시간관리가 매우 중요하다. 시간관리를 잘하기 위해서는 두 가지 원칙을 가지고 있어야 한다. 첫째는 내가 해야 할 일인 'To Do'의 리스트와 내가 하지 말아야 할 일인 'Stop Doing'의 리스트가 있어야 한다. 둘째는 우선순위를 두고 살아야 한다. 우선순위는 긴급한 일보다는 자신의 비전을 이루는 중요한 일에 두어야 한다. 사탄의 계교 중 하나는 우리로 하여금 좋게 생각되는 잡다한 일에 '예'라고 말하도록 하는 것이다. 그 결과 너무 여러 곳에 분산되어 모든 면에서 그저 평범할 뿐 탁월한 것은 하나도 없는 사람이 되고 마는 것이다. 시간관리를, 중요하면서 긴급한 일 A, 중요하지만 긴급하지 않은 일 B, 중요하지 않지만 긴급한 일 C, 중요하지도 않고 긴급하지도 않은 일 D로 분류한다면, B와 C를 어떻게 관리하느냐에 성공과 실패가 결정된다.

2) 관계 관리

신앙인은 두 가지 관계를 잘해야 한다. 하나님과의 관계와 사람과의 관계이다. 어떤 면에서 영적 체험을 한 사람이 위험할 수도 있다. 어떻게 살아야 할지에 대한 관심이 부족하거나, 자신의 영적 체험이 중요하고 가치 있기에 다른 사람의 의견이나 경험을 쉽게 무시하고, 오직 내가 무엇을 보았고, 무슨 음성을 들었고, 무슨 체험을 했느냐가 중요하기 때문이다. 케네스 보아는 "창세기로부터 요한계시록까지 성경의 주제를 한마디로 요약한다면 그것은 바로 관계"라고 정의한 바 있다. 하나님과의 관계복원이 복음이다. 다른 것은 나쁜 것이 아니라 다른 것이다. 다름 속에서 조화가 아름다운 것이다. 무지개

색깔을 보면 알 수 있다. 다른 사람과 함께하지 못하는 것도 미성숙이다(빌 2:1-3). 사람과의 관계를 잘하려면 우리는 각자의 서로 다른 입장과 상황을 이해해야만 한다.

"오 신이시여 우리가 남의 신을 신고 보름동안 걸어보기 전에는 남을 판단하거나 비난하는 일을 삼가게 하소서."(슈스 인디언). 남의 신을 신고 걷는 것, 이것이야말로 인간관계의 열쇠다. 그 신을 신고 걸어보기 전까지는 그의 걸음걸이에 대해서 이러쿵저러쿵 말할 수 없는 것이다. 다른 사람의 일을 돌아보는 노력이 내 입장을 넘어 타인의 입장에 서게 해주는 것이다. 관계는 사랑을 전제로 하는데, 사랑은 용서로부터 시작된다. 용서는 미움의 감옥에서 나를 풀어주는 것이다. 지혜롭게 관계를 가꾸어야 한다. 거칠고 성가신 만남을 섬세하고 귀한 만남으로 가꾸는 지혜 속에서 우리의 인생은 영그는 것이다.

존 맥스웰은 리더의 대인관계능력의 중요성을 언급하면서 '솔선수범, 희생정신, 성숙함'을 꾸준히 증명해보이라고 제안한다. 관계가 인생의 성패를 좌우하기에 필자는 무엇보다 사람과의 만남 후 헤어진 다음에 반드시 문자나 메일을 통해 감사의 인사를 전한다. 그리고 SNS에 대한 답을 꼬박 꼬박 해주는 편이다. 사람과의 만남에서도 섬김, 존귀, 경청, 공감, 배려, 좋은 이미지 심기, 소신과 소통 두 마리 잡기를 원칙으로 하고 있다. 인맥관리는 멘토, 동역자, 멘티로 구분해서 중요한 인간관계를 만들고 키우려 하고 있다. 당신의 연봉은 지금 만나고 있는 사람들의 평균연봉이란 말이 있다. 주고받는 인간관계를 넘어서 먼저 주고 또 주는 방식이 관계의 실마리를 푸는 열쇠이다.

### 3) 마음관리

탈무드에 보면 사람의 모든 기관은 마음에 의해서 좌우된다고 한다. 그러므로 세상에서 가장 강한 사람은 자신의 마음을 다스릴 수 있는 사람이다. 마음을 관리한다는 것은 '생각관리, 태도관리, 감성관리(분노관리, 우울관리)'라 할 수 있다. 사회학자들은 21세기를 3F시대라고 한다. 'Family, Fashion, Female' 이것의 공통적인 특징은 유연함(Flexibility)이다. 하버드대학 다니엘 골만 교수는 감성지수가 높은 사람은 다음과 같은 특징이 있다고 설명했다. "자신의 감정을 잘 알고 있다. 스스로 자신의 감정을 잘 조절할 수 있다. 충동적 행동에 대한 자제력이 있다. 다른 사람의 감정을 잘 이해할 수 있다. 적절한 대인관계를 유지할 수 있다." 즉 감성지수가 높아야 마음관리를 잘하는 사람이란 것이다.

성경을 보면, 돈 앞에서 마음을 지키지 못하는 유다(요 13:2)와 아나니아와 삽비라(행 5:3-4)를 들 수 있다. 무엇보다 마음을 지키는 것이 생명의 원천이지 금세와 내세의 축복보증수표이다(잠 4:23, 딤전 4:8). 우리를 더럽게 하는 것은 더러운 입이 아니라 더러운 마음이다(마 15:18). 우리의 마음에서 버려야 할 것 3 가지는 '탐심, 악심(전 9:3), 의심'이며, 가져야 할 것 3 가지는 '초심, 진심, 전심'이다. 마음은 정원이기에 관리가 필요하다. 왜냐하면 마태복음 13장에서 마음을 길가, 흙이 얕은 돌밭, 가시떨기, 좋은 땅으로 비유하고 있기 때문이다. 마음을 단련하는 것은 유약한 마음을 강하게 하는 것이다. 그러므로 요동하지 않아야 한다(잠 17:3). 오늘 내 삶의 결과는 어제 내 마음의 결과이다. 그러므로 부정적이고 파괴적인 기분을 잘 다스려야 한다. 이런 심리 상태는 믿음의 조상 아브라함의 초조함과 좌절감, 위대한 지도자 모세의 분, 영적 거인 엘리야의 두려움과 염려의 모습에서도 찾아볼 수 있다(잠 18:14, 시 37:8, 빌 4:6-7).

자신의 존재가치나 생명을 가볍게 여기면 우울이나 자살로 이어진다. 자신이 가지고 있는 것을 실제보다 높게 평가하거나 낮게 평가하는 모든 것이 인생을 잘못 살게 만드는 것이다. 빅터 프랭클은 3년 동안 아우슈비츠 강제수용소에서 살아남은 사람은 살아나가야 할 이유, 즉 존재의 의미가 있는 사람이었다고 말했다. 생각이 행동을 낳고, 행동이 습관을 형성하고, 습관이 인품을 만들며, 인품이 운명을 결정한다는 단순한 진리를 놓치지 않았으면 좋겠다.

리더가 관리해야 할 또 하나의 중요한 요소로 태도의 관리가 있다. 리더는 자신에게 닥치는 상황을 긍정적으로 인식하고 해석하는 자세가 필요하다. 마쓰시다 고노스케는 이런 이야기를 했다. "감옥과 수도원의 공통점은 세상과 고립되어 있다는 점이다. 그러나 차이가 있다면 불평을 하느냐, 감사를 하느냐, 그 차이뿐이다. 감옥이라도 감사하면 수도원이 될 수 있다." 고노스케는 가난했고, 병약했고, 못 배웠지만 그것이 오히려 자신을 오늘에 이르게 했다고 강조했다. 팔복을 영어로 뭐라고 하는지 아는가? 'The Beatitudes'다. 인간의 행복이 그 사람의 태도에 달려있다는 의미에서 이렇게 이야기 하는 것이다.

월로우크릭교회의 빌 하이벨스 목사는 교회를 개척하여 성장시키는 가운데 어느 순간 탈진을 경험했다. 그의 표현을 빌리자면 교회는 점점 커져 가는데, 그의 마음속에 있는 교회는 점점 작아져 가는 느낌이었다고 한다. 그의 경우에 이것은 체력의 문제가 아닌 감정의 저수지가 고갈된 것이었다. 특별히 리더는 감정의 공백을 조심해야 한다. 많은 리더들이 감정이 고갈되는 순간 자신을 통제하지 못하고 실수하거나 죄에 빠질 위험성이 높아지기 때문이다. 리더도 감정의 공백이 커진 상태에서는 판단이 흐려지고 유혹에 약해질 수 있다. 그러므로 리더는 자신의 감정 계기판을 언제나 잘 살펴서 감정의 탱크가 고갈되고 있는 것은 아닌지 항상 돌아봐야 한다. 좋지 않은 습관이나 생각을 끊어내고 좋은 습관이나 생각으로 대체하는 노력을 꾸준히 해나갈 때, 습관과 생각의 변화가 리더십의 크기를 바꾸게 되는 것이다.

4) 언어관리

리더는 언어의 사용에 각별히 유의해야 한다. 특별히 남을 비판하는 언어보다는 남을 칭찬하고 격려하는 언어에 능해야 한다. 리더가 어떤 언어를 자주 사용하느냐에 따라 팔로어들의 충성심에 차이가 난다. 특히 리더는 일이 잘 풀릴 때 다른 사람에게 공을 돌리고, 일이 안 풀릴 때는 모든 잘못과 책임을 자신에게 돌려야 한다. 이은주(25세 촉망받던 여배우)가 자살한 이유는 자세히 알 수 없지만 죽는

역을 많이 했다는 것이다. 하이데거는 "언어는 존재의 집이다. 그 집 속에서 인간은 산다"고 했다. 인간은 태어나서 죽을 때까지 언어로 자기 세상을 만든다. 서울 가수협회에서 낸 자료에 따르면 단명한 가수들은 하나같이 아이러니하게 슬픈 노래를 자주 불렀던 사람들이란 통계를 본 적이 있다.

언어는 그 사람의 인격 지표다. 생각이 넓어지고 사색이 깊어질수록 사용하는 언어가 많아지고 다양해지기 때문이다. 말은 씨가 된다. 머피의 법칙 역시 결코 당신의 말을 부정문으로 마치지 말고 즉각 그것을 바꿀 것을 제시해준다. 그러면 당신의 삶속에 놀라운 기적이 일어날 것이다. 열두 명의 정탐꾼들이 똑같은 가나안땅을 보고 와서도, 2명은 긍정적으로, 10명은 부정적으로 보고했음을 알 수 있다(민 13:32-33). "너희 말이 내 귀에 들린 대로 내가 행하리라"(민 14:26-30). 이 얼마나 두려운 말인가! 결국 두 명의 정탐꾼만이 젖과 꿀이 흐르는 비옥한 가나안땅의 주인공이 되었다. 하나님께서는 그들의 소원대로 하지 않고 그들이 말하는 대로 행하신 것이다. 언어는 파워가 있고 다스려지지 않은 명마와 같다(약 1:26). 아무리 기도를 많이 한다 해도, 아무리 선행을 많이 한다 해도 자기의 언어를 제어하지 못하는 사람의 경건은 아무 소용이 없다.

필자의 언어 원칙은 다음과 같다. "부정적인 말투를 쓰지 않는다. 말에 책임지는 자세를 가진다. 지적보다 지지를 한다. 호통보다 소통을 한다. 앞에서 할 수 없으면 내뱉지 않는다. 알아듣기 쉽게 말한다. 흥분한 목소리보다 절제된 목소리로 말한다. 잘난 척하지 않는다. 허물은 덮어준다. 꾸짖을 때는 호되게 꾸짖되 상대의 인격이 아닌 그 행위에 초점을 둔다. 비밀은 무덤까지 지킨다. 말도 리허설이 필요하다. 험담하지 않는다. 허세를 조심한다. 쓴 소리를 달콤하게 포장한다. 상대의 말을 도중에 끊지 않는다." 이 원칙을 지켜나가기가 쉽지 않지만 원칙을 정해놓고 사니 전보다 훨씬 나의 언어방식이 개선되었다.

5) 지식관리

피터 드러커는 지식 근로자는 어떤 분야든 자신이 일하는 방법을 끊임없이 개선, 개발, 혁신해서 자신의 부가가치를 높이는 사람이라고 설명했다. 자신만의 컨텐츠가 없는 사람, 자신의 분야에서 돋보이는 지식을 갖추지 못하는 사람은 지식근로자가 아니라 지식 소비자밖에 되지 못하는 것이다. 바야흐로 세계는 누가 지식을 선점하느냐에 대한 치열한 무한 경쟁시대에 돌입했다. 뼈를 깎는 자기 혁신과 학습을 통해 날마다 배워나가고 있다. 이런 지식 혁명의 시대에 세상을 구원해야 할 교회가 발 빠르게 대처는 하고 있는지 반문해봐야 한다. 정보는 습득하는 것이고, 지식은 학습하는 것이며, 지혜는 깨달아지는 것이다. 그러므로 기독교의 기본진리와 핵심가치에 대해 더욱 깊은 지식적 탐구를 해야 한다. 존 맥스웰은 "지식의 넓이가 영향력의 크기이고, 영향력의 크기가 리더십의 크기"라는 말을 했다. 따라서 배움의 목표를 정해야 한다.

그리스도인의 지성은 3가지 영역에서 목표를 가져야 한다. '하나님에 대한 지식, 사람에 대한 지식, 그리고 세상과 일에 대한 지식' 이다. 현대경영의 아버지 피터 드러커는 90살이 넘은 나이에도 불구하고 매 3년마다 새로운 연구주제를 정했다. 그리스도인은 무엇보다 독서의 시간을 떼어 놓아야 한다. 독서는 배움의 기간이 끝난 후에 보이지 않는 교사에게서 계속 배우는 평생 학습과정이다. 책을 가장 잘 읽는 방법은 책을 읽은 만큼 사색하는 것이다. 우리의 인생은 만남으로 이루어지기에 좋은 만남의 시간을 구별해 놓아야 한다. 인생의 질은 만남의 질에서 결정된다. 요셉이 보디발을, 다윗이 사무엘을, 바울이 바나바를 만나지 않았다면 그들의 삶은 쉽지 않았을 것이다. 손양원 목사님이 청년시절 주기철 목사님을 만났기에 그런 삶을 살 수 있었던 것이다. 지금 만나고 있는 사람들이 누구인가 하는 것이 내일의 삶과 사역의 방향을 결정짓는다. 당신의 5년 후 미래는 지금 읽고 있는 책과 가까이 하는 사람에 의해 결정된다는 사실을 기억했으면 좋겠다.

지식경영의 목표는 배운 것을 활용하는 것이다. 그러기에 사람은 배운 것을 표현할 수 있어야 한다. 몇 권의 책을 가지고 있는 것보다 더 중요한 것은 몇 권의 노트를 가지고 있느냐이다. 지식 없는 열정은 선한 열매를 맺지 못한다(잠 19:2). 무엇보다 우리에게 필요한 것은 하나님을 아는 지식이다. 지혜를 가로막는 것으로는 감정, 결과 중심, 조급함, 편견과 고집(고집을 부릴 때와 버릴 때를 아는 것이 지혜)이다. 따라서 끊임없이 지혜로워야 한다(잠 4:5-9). 상실은 인생의 방향을 바꾸는 가장 중요한 이정표이다. 지혜는 상실과 맞바꾸면서 자란다. 경험을 통해 지혜를 발견해야 한다. 말씀을 묵상할 때 지혜로워진다(시 119:99-100). 긍정적일 때 지혜의 샘이 터진다. 지혜는 하나님께 구해야 얻게 된다(잠 2:2-7, 단 9:21-23, 약 1:5). 하나님을 경외하는 것이 지혜의 근본이며, 예수님 안에 머무는 것이 지혜의 첫 관문이다.

세계적인 기독교 교육자인 하워드 헨드릭스는 "독서가는 리더요, 리더는 독서가이다"라고 했다. 19세기에 영국이 낳은 위대한 설교자 찰스 스펄전은 타고난 재능도 있었지만 어릴 때부터 독서광이었기에 위대한 설교자로 쓰임 받을 수 있었다. 그는 매주 6권의 책을 독파했으며, 어릴 때부터 청교도 서적에 심취하여 50년간 그가 모은 청교도 관련 서적만 7,000권이 넘었다고 한다.

필자의 습관 중 하나는 2주일에 한 번 인터파크 검색 및 주문하기, 고속도로 휴게소나 철도역 서점 들르기, 오고가는 전철이나 기차 안에서 책을 읽으며 자투리 시간 활용하기, 집회와 강의를 위해 사전에 기독서점 들러서 그 주제에 맞는 신간 구입하기 등이다. 이것은 필자의 지식 지경을 넓히고 재미있고 유익한 강의 준비에 많은 도움을 주었다.

### 6) 건강관리

리더는 자신의 신체에 대해 셀프 리더십을 발휘해야 한다. 건강에 적신호가 오면 리더십을 제대로 발휘할 수 없기 때문이다. 건강관리에서 가장 중요한 것은 적절한 휴식을 취하는 것이다. 우리가 알아야 할 사실은, 유능한 사냥꾼은 활을 사용하지 않을 때는 줄을 풀어둔다는 것이다. 항상 팽팽하게 당겨두면 탄력을 잃어 사냥감을 제대로 맞힐 수 없기 때문이다. 이처럼 지혜로운 리더는 일과 휴식의 균형을 잘 맞출 줄 안다. 몸은 주를 위해 존재하고, 주님은 몸을 성전 삼고 계시기에 우리 몸으로 하나님께 영광을 돌려야 한다(고전 6:13-20). 사도 바울은 자신이 하는 일을 망치고 자신의 리더십을 무너뜨릴 것을 뼈저리게 알고 있었기에 자신의 몸을 날마다 쳐서 복종시켰다고 고백했다(고전 9:27). 그러나 우리는 운동과 몸의 관리가 영적인 문제라고 여기지 않는 경향이 있다.

몸을 제대로 관리하려면 균형 잡힌 식단과 탐식하지 않는 규칙적인 식사와 체중관리 그리고 건강검진 및 휴식이 필요하다. 건강관리의 장애물은 TV, 무계획, 미루기 등이다. 필자는 저녁을 되도록 오후 6시 이내로 먹되 소식(小食)하려고 노력하고 있다. 또한 허리인치는 지금의 바지 사이즈를 벗어나지 않도록 운동을 통해 발버둥을 치고 있으며, 종합 비타민제 복용을 통해 부족한 영양을 보충하고 있다. 특히 333운동법을 하고 있는데, 1주일에 3번 30분 이상 숨이 차는 것을 느낄 정도나 땀이 막 생기려고 하는 순간까지 3개월을 넘어 3년을 목표로 걷기를 하고 있다. 또한 가급적 인스턴트식품이나 탄산음료를 피하고 물을 자주 섭취하려고 노력하고 있다.

7) 영성관리

리더십은 단순히 어떤 기술과 테크닉을 수행하는 것이 아니다. 성공적인 리더십은 반드시 그 사람의 기술이 아니라 내적인 삶에서 흘러 나와야 한다. 이러한 내적인 삶은 우리가 자신의 영혼을 규칙적으로 보살피는 일에 어느 정도 심혈을 기울였는가에 좌우된다. 리더십의 실패는 어떤 것이든지 결국 영적인 문제이다. 그러나 이런 저런 종류의 영적인 병을 인식하고 진단하고 처리하지 못하는 것은 전적으로 리더의 무능성이 자리를 잡고 있기 때문이다. 그러므로 영성 관리에 있어서 믿음은 인간으로 하여금 하늘의 무한한 능력을 사용할 수 있게 하는 면허증이다.

또한 믿음은 하나님께서 일하시는 통로이다(마 8:23-26, 9:22-29, 15:21-28, 요 11:25-26). 상을 믿는 것이 아니라 상 주시는 분을 믿어야 한다. 아브람이 믿어야 했던 것은 하나님으로부터 올 선물이 아니라 그 선물을 주시는 하나님 자체였다(창 15:1). 그렇다. 믿는다고 하는 것은 하나님이 계심을 믿는 것이다. 그리고 그 하나님이 나에게 상 주시는 분임을 믿는 것이다(히 11:6). 아브라함의 믿음은 하나님의 능력과 약속을 믿는 것이다. 믿음은 주어지는 것이다. 하나님을 믿을 수 있다는 것이 감격이고, 믿어진다는 것이 기적이다. 믿음은 비움과 포기에서 시작된다. 채움과 나눔으로 나아가야 한다. 예수님은 자기를 비워 종의 형체로 오셨고 말씀과 기도로 채우셨으며 십자가의 형틀에서 자신을 우리에게 나눠주셨다. 영성관리의 장애물은 분주함, 좌절, 게으름 등이다.

종교개혁을 주도한 마르틴 루터는 해야 할 일이 많을수록 더 많은 기도에 몰두했다. 그가 한 말 중에 다음과 같은 유명한 말이 있다. "나는 오늘 해야 할 일이 너무 많아서 바쁘다. 그러므로 세 시간은 기도해야 한다." 이 말은 모순인 것 같지만 리더는 다른 사람들보다 더 큰 압력과 스트레스를 받고 있기 때문에 그것을 뛰어넘는 영성이 있어야 함을 말해준다.

필자는 개인적으로 아침 경건의 시간 및 새벽기도 습관화, 아침과 자기 전 20장 성경읽기 체질화, 영혼 일기쓰기, 정규예배(수요, 금요, 주일) 참석 정례화, 1주일에 1권 경건서적 읽기 등을 통해 나의 영성을 관리하고 있다(벧후 1:10, 시 119:1-11, 딤전 4:15-16). 말씀묵상은 하나님의 말씀과 성령에 의해 우리를 빚고 다듬고 변화시키고 마침내 예수 그리스도의 형상으로 변화시키는 필수 요소이다.

8) 재정관리

요즘 기독교에 '청부론' 내지 '청빈론'이란 용어가 자주 등장한다. 쉽게 말해서 부자로 사는 것도 가난하게 사는 것도 의미가 있다면 잘못이 아니다는 사실에 기인한다. 하나님을 믿는 믿음을 너무 강조한 나머지 보험에 들지 않은 것도 덕스럽지 못할 수 있다. 신앙인들이나 목회자들이 막상 일어나지 말아야 할 재해 앞에 속수무책인 경우를 너무 많이 보았기 때문이다. 마음이 있는 곳에 물질이 있다. 돈이 말한다는 말이 있듯이, 우리의 물질과 시간 그리고 에너지를 어디에 쓰느냐를 살펴보면 우리의 관심과 인격을 알 수 있다. 로버트 클린턴의 『영적 지도자 만들기』에 보면 사람의 정직성을 측정하는 하나님의 검증 도구가 나오는데, 돈, 이성(사람), 어떤 수단을 쓰느냐 이다. 필자는 학생들에게 개인적으로 이렇게 하라고 당부하고 있다. 푼돈을 저축하여 목돈을 만들어라. 계획을 세우라. 분산투자하라(예금, 펀드, 부동산, 보험, 적금). 충동구매 하지 말라. 십일조는 하나님께, 또 다른 십일조는 기부하라. 가계부를 쓰라 등이다.

돈을 쓰는 방법은 크게 세 가지다. 바로 '소비, 낭비, 투자' 다. '소비' 란 의식주 등 생활에 드는 최소한의 경비를 말한다. '낭비' 란 취미나 여행 등에 돈을 쓰는 것을 말하지만, 설령 의식주에 사용되는 경우더라도 사치가 심해지는 순간 낭비가 되기도 한다. 그리고 '투자' 란 수익을 기대할 수 있는 곳에 돈을 쓰는 것을 말한다. 이중에서 가장 현명한 지출은 투자이다. 그러나 예를 들어 '호화로운 여행' 에 돈을 쓴다면 보통 '낭비' 에 해당하겠지만, 만약 여행을 통해 누적된 피로를 풀고 그 다음주부터 더욱 일에 집중할 수 있었다고 한다면 이는 투자로 볼 수가 있다. 또 '책을 사는 일' 은 '소비' 에 해당한다. 그런데 구입한 책이 읽어서 미래에 도움이 될 책이라면 이는 자신을 위한 '투자' 가 된다. 어리석은 자는 쓸데없는 일에 돈을 쓰지만, 지혜로운 사람은 자신의 성장을 위해 돈을 쓴다는 것이다.

미국 독립선언서의 기초를 놓은 벤저민 프랭클린은 평소 13 가지의 실천 덕목을 만들어서 매일 체크했다고 한다. 사람은 체크하는 대로 된다. 우리도 가능하면 이처럼 자기관리를 실천하는 체크 리스트를 만들어서 자신을 계속 관리할 필요가 있다. 재산의 95%를 사회에 기부한 빌 게이츠는 "돈을 잘 써야 사업에 성공할 수 있고 생활이 행복할 수 있다. 절약을 아는 사람, 자신의 금전적 욕망을 절제할 줄 아는 사람이 더 많은 재산 소유가 될 수 있다"고 했다.

## 10 필자의 소원

성경에 나타난 예수 그리스도의 리더십을 지속적으로 연구하여 이를 캠프, 집회, 세미나를 통해 교회, 가정, 학교에 제공 지원함으로써 리더들의 영향력을 극대화하여 리더들을 살리고 세움으로 이 땅을 HOLY LAND로 변혁시켜 나가고자 한다. '변화와 비상'이란 키워드로 2018년까지 서울에 열악하고 불우한 환경 속에서 성장한 지방 청년들에게 기숙이 가능한 Joy 리더십연구소를 세워서 그들을 신앙, 인품, 실력, 작품, 공헌이란 핵심가치를 지닌 유능한 그리스도인 리더들로 세워나가고자 한다. 그리고 남양주시에 사무실을 두고 부모코칭 및 기도회를 통해서 부모 및 가정을 온전케 세우는 사역을 지속적으로 해나갈 것이다. 끝으로 세계 4대 미항 여수에 '아둘람 힐링하우스'를 세워 흔들리는 위기의 가정을 치유하고자 한다. 더 나아가 준비되고 훈련된 유능한 리더들이 이 나라 가운데 2026년까지 12개의 예수 리더십 연구소를 세울 수 있도록 돕는 것이다. 최종 목표는 예수 리더십 연구소를 통해 배출된 유능한 리더들이 세계열방 가운데 나아가 예수 리더십 연구소를 세우고 예수님의 지상명령을 성취하는 것을 보는 것이다.

# 마무리 글

필자는 이 책의 내용을 통해 많은 변화가 있었다. 이 책은 먼저 필자에게 대인관계에서도, 설교에서도, 목회에서도, 적지 않은 변화를 가져왔다. 특히 하나님께서 원하시는 영적 리더의 성품에 너무 못 미쳐있는 자신을 보게 된 것이 가장 큰 수확이다. 참으로 부족한 종이었다. 물론 여기까지 오는 데는 많은 아픔을 수반했지만 그나마 다행인 것은, 이 아픔 때문에 예수 그리스도와 같은 리더가 되고 싶은 열망을 더욱 갖게 되었다는 것이다. 그래서 필자처럼 준비되지 못하고 갖추어지지 않은 영적 리더가 생기지 않았으면 하는 바람이 이 책을 두서없이 쓰게 했다. 목표도 없고 열심만 있었던 나, 혼자 우물 안 개구리인 줄 모르고 잘난 척하며 우쭐대던 나, 나보다 못한 조건의 사람들을 보면 무시하기 바쁘고 주님의 긍휼이 없었던 나, 그런 나를 깨우쳐서 그나마 이제라도 목회자가 서야 할 마땅한 자리가 어디인지 알게 해준 내용을 이 책에 고스란히 담아 나누어보고 싶었다. 아무쪼록 이 책이 리더뿐 아니라 교회에서, 가정에서, 학교에서 그리고 기독교단체에서 중직을 맡고 있는 리더들에게도 도움이 되었으면 한다.

"그러나 내가 나 된 것은 하나님의 은혜로 된 것이니 내게 주신 그의 은혜가 헛되지 아니하여 내가 모든 사도보다 더 많이 수고하였으나 내가 한 것이 아니요 오직 나와 함께하신 하나님의 은혜라"(고전 15:10).

## 참고문헌

### 국내서적

강상구. 『마흔에 읽는 손자병법』 서울: 흐름출판, 2012.
고재학. 『부모라면 유대인처럼』 고양: 위즈덤 하우스, 2010.
공병호. 『이런 간부는 사표를 써라』 서울: 시대의창, 2004.
_____. 『부자의 생각, 빈자의 생각』 서울: 해냄, 2006.
_____. 『미래 인재의 조건』 파주: 21세기북스, 2008.
김광건. 『영적리더십의 새로운 패러다임』 서울: 웨스터민스터, 2005.
김광웅. 『창조! 리더십』 서울: 생각의 나무, 2009.
김경태. 『스티브 잡스의 프레젠테이션』 서울: 멘토르, 2010.
김난도. 『아프니까 청춘이다』 서울: 쌤엔파커스, 2011.
김난도외 5인. 『트랜드 코리아 2012』 서울: 미래의 창, 2011.
김남국. 『지금 당장 경영전략 공부하라』 서울: 한빛비즈, 2016.
김미경. 『아트 스피치』 경기: 21세기북스, 2011.
김상근. 『사람의 마음을 얻는법』 경기: 21세기북스, 2011.
김영석. 『설득 커뮤니케이션』 파주: 나남, 2008.
김운용. 『권위 없는 자처럼』 서울: 예배와 설교 아카데미, 2003.
김은성·김재원. 『리더의 7가지 언어』 서울: 시공사, 2012.
김정구. 『노는 만큼 성공 한다』 파주: 21세기북스, 2012.
김정태. 『스토리가 스펙을 이긴다』 서울: 갤리온, 2011.
김직승. 『대한민국, 소통이 희망이다』 서울: 책세상, 2010.

김진국. 『성경으로 보는 칭찬 이야기』 파주: 21세기북스, 2004.
김진배. 『소통유머』 서울: 나무생각, 2010.
김헌식. 『복종하며 지배하라』 서울: 연암사, 2009.
라원기. 『누구나 한번은 리더가 된다』 서울: 두란노, 2015.
류량도. 『제대로 지켜라』 서울: 쌤엔파커스, 2011.
민승기. 『리더십 내비게이터』 서울: 쿰란출판사, 2012.
민현기외 2인. 『성공한 리더는 유머로 말한다』 서울: 미래지식, 2011.
박경철. 『자기 혁명』 서울: 리더스북, 2011.
박원우. 『임파워먼트 실천메뉴얼』 서울: 시그마인사이트컴, 2012.
박재원·김수웅. 『죽은 조직도 살리는 섬김의 리더십』 서울: 미래지식, 2009.
박재희. 『3분 고전』 서울: 작은씨앗, 2010.
박태호외 2인. 『글로벌 감성 커뮤니케이션』 서울: 대왕사, 2012.
박현모. 『세종처럼』 서울: 미다스북스, 2008.
신문선. 『히딩크 리더십』 서울: 리더경제연구소, 2002.
신현민. 『회사가 붙잡는 사람들의 1% 비밀』 서울: 위즈덤하우스, 2009.
안광호. 『소프트 마인드』 서울: 비전과 리더십, 2011.
안철수. 『지금 우리에게 필요한 것은』 파주: 김영사, 2004.
_____. 『영혼이 있는 승부』 파주: 김영사, 2010.
양병무. 『감자탕교회 이야기』 파주: 김영사, 2003.
양창삼. 『예수 리더십』 서울: 진흥, 2004.

연준혁·하상복. 『보이지 않는 차이』 서울: 위즈덤하우스, 2010.
옥한흠외 8인. 『리더십혁명』 서울: 국제제자훈련원, 2000.
유성은. 『목회자의 리더십과 시간관리』 서울: 평단, 2006.
이경만. 『거래의 7가지 함정』 파주: 21세기북스, 2011.
이남훈. 『사자소통』 서울: 쌤엔파커스, 2012.
이민규. 『1%만 바꿔도 인생이 달라진다』 서울: 더난출판, 2003.
_____. 『실행이 답이다』 서울: 더난출판, 2011.
이보연. 『아빠 리더십』 서울: 삼성출판사, 2007 .
이상주. 『유머가 통한다』 고양: 다음생각, 2010.
이상훈. 『유머로 시작하라』 파주: 살림, 2012.
이서영. 『끌리는 말에는 스토리가 있다』 고양: 위즈덤하우스, 2012.
이성용. 『평생 필요한 비즈니스 스킬』 파주: 김영사, 2010.
이성희. 『세상을 바꾸는 미래교회』 서울: 좋은씨앗, 2007.
이정숙. 『유쾌한 남녀 대화법』 서울: 나무생각, 2011.
이종선. 『멀리가려면 함께 가라』 서울: 갤리온, 2009.
이지훈. 『혼창통』 서울: 쌤엔파커스, 2010.
이재혁·KBS. 『행복의 리더십』 서울: 알에이치코리아, 2012.
이창호. 『세상을 이끄는 스피치의 힘』 서울: 해피&북스, 2013.
이태혁. 『사람의 마음이 읽힌다』 서울: 경향미디어, 2012.
이학준. 『한국교회 패러다임을 바꿔야 산다』 서울: 새물결플러스, 2011.
장종현. 『생명을 살리는 교육』 서울: 백석신학연구소, 2010.
전도근. 『리더를 키우는 긍정의 힘』 서울: 해피앤북스, 2008.

정연승. 『49가지 마케팅의 법칙』 서울: 한스미디어, 2011.
정인수. 『교회를 혁신하는 리더십』 서울: 두란노, 2007.
_____. 『영혼을 혁신하는 리더십』 서울: 두란노, 2008.
주상지. 『리더십개발의 12가지 열쇠』 서울: 서로사랑, 2000.
진재혁. 『리더가 죽어야 리더십이 산다』 서울: 더난출판, 2011.
차동엽. 『무지개원리』 서울: 위즈앤비즈, 2006.
_____. 『잊혀진 질문』 서울: 명진출판, 2012 .
최종택. 『하루약속』 서울: 다산라이프, 2011.
하상복. 『광기의 시대, 소통의 이성』 파주: 김영사, 2009.
한근태. 『한국인 성공의 조건』 서울: 위즈덤하우스, 2005.
한홍. 『순간을 위해 평생을 준비한다』 서울: 규장, 2011.

번역서적

Allender, Dan B. 『약함의 리더십』 김성녀 역. 서울: 복있는사람, 2009.
Altman, Danial. 『10년후 미래』 고영태 역. 서울: 청림출판, 2011.
Anderson, Leith. 『목적이 이끄는 리더십』 전의우 역. 서울: 브니엘, 2005.
Belcher, Jim. 『깊이 있는 교회』 전의우 역. 서울: 포이에마, 2011.
Beth Jones, Laurie. 『최고경영자 예수』 송경근 · 김홍섭 역. 서울: 한언, 2005.
Blackaby, Henry Blackaby, Richard. 『감동의 리더십』 전의우 역. 서울: 요단, 2009.

_____. 『영적 리더십』 윤종석 역. 서울: 두란노, 2014.

Blanchard, Ken · Hodges, Phil. 『섬기는 리더 예수』 조천제 · 이강봉 역. 파주: 21세기북스, 2008.

Blanchard, Ken. 『리더의 심장』 이화승 역. 서울: 빅북, 2011.

_____. 『당신도 섬기는 리더가 될 수 있다』 조천제 역. 서울: 넥서스, 2010.

Boa, Kenneth. 『기독교 영성, 그 열두 스펙트럼』 송원준 역. 서울: 디모데, 2007.

Boehme, Ron. 『21세기 지도자』 허광일 역. 서울: 예수전도단, 2000.

Bohargava, Rohit. 『호감이 전략을 이긴다』 이은숙 역. 서울: 원더박스, 2013.

Borek, John 외 2인. 『16:23리더와 리더십』 김창동 역. 서울: 디모데, 2007.

Byld, Bill · Weeden, Larry K. 『리더십벤치마킹』 이은영 역. 서울: 요단, 2008.

Cain, Susan. 『콰이어트』 김우열 역, 서울: RHK, 2012.

Carnegie, Dale. 『스피치&커뮤니케이션』 최염순 역. 서울: 씨앗을 뿌리는 사람, 2006.

Chartier, Myron R. 『설교에 있어서의 커뮤니케이션』 차호원 역. 서울: 소망사, 1987.

Cohen, Herv. 『협상의 법칙』 강문희 역. 서울: 청년정신, 2001.

Collins, Jim. 『위대한 기업은 다 어디로 갔을까』 김명철 역. 파주:

김영사, 2011.

Cornelius, Bill.『체인지』유정희 역. 고양: 크리스천석세스, 2012.

Cottrell, David.『크리스천 리더십』송경근 · 서원교 역. 서울: 한언, 2006.

Cousins, Don.『리더여 변화를 경험하라』이남정 역. 서울: 생명의 말씀사, 2010.

Covey, Stephen R외 2인.『소중한 것을 먼저 하라』김경섭 역. 파주: 김영사, 2003.

Crane, Christopher A · Hamel, Mike.『경영자의 영향력』서진희 역. 서울: 국제제자훈련원, 2007.

Daman, Glean.『중 · 소형교회 성공 리더십』김기현 · 민경식 역. 서울: 두란노, 2006.

David Tripp, Paul.『영원』정성묵 역. 서울: 두란노, 2012.

De Pree, Max.『성공한 리더는 자기 철학이 있다』이영진 역. 서울: 북플래너, 2010.

Diamond, Stuart.『어떻게 원하는 것을 얻는가』김태훈 역. 경기: 세계사, 2011.

Drucker, Peter F.『비영리단체의 경영』현영하 역. 서울: 한국경제신문, 1995.

\_\_\_\_\_.『프로페셔널의 조건』이재규 역. 서울: 청림출판, 2001.

\_\_\_\_\_.『리더가 되는 길』고바야시 가오루 편저. 서울: 청림출판, 2009.

\_\_\_\_\_.『피터 드러커의 경영블로그』김수연 역. 서울: 글로북스,

2011.

Elmore, Tim. 『가족의 영혼을 돌보는 리더』 김낙환 역. 서울: KMC, 2010.

Engstrom, Ted · Ceder, Paul. 『긍휼의 리더십』 이득선 역. 서울: 쉐키나, 2008

Field, Taylor. 『거꾸로 된 리더십』 이선숙 역. 서울: 아가페북스, 2013.

Fisher, Roger · Shapiro, Daniel. 『원하는 것이 있다면 감정을 흔들어라』 이진원 역. 서울: 한국경제신문, 2013.

Gibbs, Eddie. 『넥스트 리더십』 이민호 역. 서울: 쿰란출판사, 2010.

_____. 『넥스트 처치』 임신희 역. 서울: 교회성장연구소, 2010.

Gladwell, Malcolm. 『다윗과 골리앗』 선대인 역. 서울: 21세기북스, 2014.

Goleman, Daniel 외 2인. 『감성의 리더십』 장석훈 역. 서울: 청림출판, 2011.

Gordon, Jon. 『에너지버스』 유영만 · 이수경 역. 서울: 쌤앤파커스, 2007.

Graves, Stephen R · Addington, Thomas G. 『성공의 씨앗』 김병두 역. 서울: 생명의말씀사, 2006.

Green, Walter. 『감사로 움직여라』 신현경 역. 서울: 맥스미디어, 2011.

Hackman, Michael Z · Johnson, Craig. 『소통의 리더십』 김영

임 · 최재민 역. 서울: 에피스테메, 2010.

Hastings, Wayne A · Potter, Ronald. 『마음을 움직이는 리더』 양승일 역. 서울: 생명의말씀사, 2006.

Hersey, Paul. 『상황을 이끄는 리더가 성공한다』 이영운 역. 서울: 햇불, 2000.

Hybels, Bill. 외 2인. 『예수님의 리더십』 함택 역. 서울: 두란노, 2000.

\_\_\_\_\_. 『심플』 캐런 채 역. 서울: 규장, 2014.

Idleman, Kyle. 『팬인가, 제자인가』 정성묵 역. 서울: 두란노, 2012.

\_\_\_\_\_. 『거짓신들의 전쟁』 배응준 역. 서울: 규장, 2013.

Iorg, Jeff. 『성공하는 리더의 9가지 성품』 서진영 역. 서울: 요단, 2010.

Jensen, Rolf. 『르네상스 소사이어티』 박종윤 역. 서울: 내인생의책, 2014.

Jethani, Skye. 『하나님을 팝니다』 이대은 역. 서울: 죠이선교회, 2011.

Kellerman, Barbara. 『팔로워십』 이동욱외2인 역. 서울: 더난출판, 2011.

Keller, Gary · Papasan, Jay. 『THE ONE THING』 구세희 역. 서울: 비즈니스북스, 2013.

Keller, Timothy. 『일과 영성』 최종훈 역. 서울: 두란노, 2013.

Keller, Timothy · Carson D. A. 『복음이 핵심이다』 최요한 역. 서

울: 아가페북스, 2014.

Kotter, Philip. 『마켓 3.0』 안진환 역. 서울: 타임비즈, 2010.

Kouzes, James M · Posner, Barry Z. 『최고의 리더』 김경섭 역. 서울: 비즈니스북스, 2011.

Krames, Jeffrey A. 『7인의 베스트CEO』 김영안 역. 안양: 물푸레, 2007.

Leman, Kevin · Pentak, William. 『양치기 리더십』 김승욱 역. 파주: 김영사, 2005.

Li, Charlene. 『오픈 리더십』 정지훈 역. 서울: 한국경제신문, 2011.

Liord-Jones, Martin. 『설교와 설교자』 정근두 역. 서울: 복있는사람, 2011.

Macarthur, John. 『사람들이 따르고 싶은 리더의 조건』 윤종석 역. 서울: 디모데, 2006.

_____. 『목회론』 박성창 역. 서울: 부흥과개혁사, 2011.

_____. 『슬레이브』 박주성 역. 서울: 국제제자훈련원, 2012.

_____. 『다른 불』 조계광 역. 서울: 생명의 말씀사, 2014.

Maccoby, Michael. 『우리는 왜 리더를 따를까』 권오열 역. 서울: 비전과리더십, 2010.

Maeda, John. 『리더십을 재설계하라』 윤송이 역. 파주: 럭스미디어, 2011.

Malphurs, Aubrey. 『역동적 교회 리더십』 고영민 · 민경식 역. 서울: 앨맨, 2001.

Maltz, Maxwell. 『성공의 법칙』 공병호 역. 서울: 비즈니스북스,

2003.

Maxwell, John. 『리더십 101』 채천석 역. 고양: 청우, 2003.

_____. 『생각의 법칙』 조영희 역. 서울: 청림, 2003.

_____. 『신뢰의 법칙』 (주)웨슬리 퀘스트 역. 파주: 21세기북스, 2006.

_____. 『성경에서 배운 21분 리더십』 정석묵 역. 서울: 생명의말씀사, 2008.

_____. 『리더십골드』 강주헌 역. 서울: 다산북스, 2009.

_____. 『리더십의 법칙』 강준민 역. 서울: 비전과리더십, 2011.

_____. 『사람은 무엇으로 성장하는가』 김고명 역. 서울: 비즈니스북스, 2012.

McIntosh, Gary · Rima, Samuel. 『리더십의 그림자』 김기호 역. 서울: 두란노, 2002.

Mersino, Anthony. 『감성 리더십』 권오열 역. 서울: 비전과리더십, 2008.

Michael, Larry J. 『스펄전의 리더십』 조계광 역. 서울: 생명의말씀사, 2005.

Mintzberg, Henny외 10인. 『리더십』 현대경제연구원 역. 파주: 21세기북스, 2009.

Murdock, Mike. 『예수의 리더십 57가지 비밀』 박장만 역. 서울: 오늘, 2000.

Myra, Harold · Shelley, Marshall. 『리더십 시크릿』 김소연 역. 서울: 생명의말씀사, 2008.

Nass, Clifford · Yen Corina. 『관계의 본심』 방영호 역. 파주: 푸른숲, 2012.

Nayar, Vineet. 『직원우선주의』 박선영 역. 파주: 21세기북스, 2011.

Neidert, David. 『리더의 시간』 정해영 역. 고양: 북프랜드, 2008.

Nelson, Alan E. 『시대가 원하는 영성 리더십』 이장우 역. 서울: 누가, 2004.

Nelson, Tommy. 『하나님의 기준으로 성공하라』 윤종석 역. 서울: 디모데, 2007.

Newheiser, Jim · Fitzpatrick, Elyse. 『부모이길 포기하지 말라』 이영란 & 신보경 역. 서울: 개혁주의신학사, 2012.

Noble, Perry. 『삶의 어떤 순간에도, 하나님』 정성묵 역. 서울: 두란노, 2014.

Novak, David. 『이기려면 함께 가라』 고영태 역. 서울: 흐름출판, 2012.

Ortberg, John. 『예수는 누구인가』 윤종석 역. 서울: 두란노, 2014.

Packer, James I. 『거룩의 재발견』 장인식 역. 서울: 토기장이, 2011.

Perkins, Bill. 『내안에 잠자는 리더십을 깨우라』 조원봉 역. 서울: 좋은씨앗, 2004.

Perterson, Eugene H · Dawn, Marva. 『껍데기 목회자는 가라』 차성구 역. 서울: 좋은씨앗, 2001.

Perterson, Eugene H. 『목회오경』 차성구 역. 서울: 좋은씨앗,

2001.

_____. 『다시 일어서는 목회』 차성구 역. 서울: 좋은씨앗, 2004.

_____. 『부활을 살라』 양혜원·박세혁 역. 서울: IVP, 2010.

Piper, John. 『예수님의 지상명령』 전의우 역. 서울: 생명의말씀사, 2007.

_____. 『삶을 허비하지 말라』 전의우 역. 서울: 생명의말씀사, 2010.

Platt, David. 『래디컬』 최종훈 역. 서울: 두란노, 2011.

_____. 『팔로우 미』 최종훈 역. 서울: 두란노, 2013.

Pollard, William. 『크리스천 경영의 달인』 정성묵 역. 서울: 두란노, 2007.

Quicke, Michael J. 『전방위 리더십』 이승진 역. 서울: 기독교문서선교회, 2009.

Randers, Jorgen. 『더 나은 미래는 쉽게 오지 않는다』 김태훈 역. 서울: 생각연구소사, 2013.

Reeder, Harry L·Gragg, Rod. 『다이나믹 리더십』 김순신 역. 서울: 예찬사, 2010.

Reiman, Tonya. 『몸짓의 심리학』 강혜정 역. 파주: 21세기북스, 2012.

Rinehart, Stacyt. 『당신의 리더십을 전복시켜라』 주상지 역. 서울: 베다니출판사, 2005.

Robinson, Haddon. 『성경적인 설교와 설교자』 전의우외4인 역. 서울: 두란노, 2009.

Russo, David. 『이런 직장 살맛난다』 강유리 역, 서울: 비전과리더십, 2011.

Sandel, Michael J. 『돈으로 살 수 없는 것들』 안기순 역. 서울: 와이즈베리, 2012.

Schelling, Thomas C. 『갈등의 전략』 이경남 역. 서울: 한국경제신문, 2013.

Seelig, Tina. 『스무살에 알았더라면 좋았을 것들』 이수경 역. 서울: 엘도라도, 2010.

Slyworzky, AdrianJ? ?Weber, Karl. 『디맨드』 유정식 역. 서울: 다산북스, 2012.

Smith, Paul. 『스토리로 리드하라』 김용성 역. 서울: IGM, 2013.

Soros, George. 『금융시장의 새로운 패러다임』 황숙혜 역. 서울: 위즈덤하우스, 2010.

Sweet, Leonard. 『귀 없는 리더. 귀 있는 리더』 강봉재 역. 서울: IVP, 2005.

Stanley, Andy. 『설교코칭』 김창동 역. 서울: 디모데, 2007.

Steven Kaplan, Robert. 『나와 마주서는 용기』 이은경 역. 서울: 비즈니스북스, 2015.

Takashi, Saito. 『세계사를 움직이는 다섯가지 힘』 홍성민 역. 서울: 뜨인돌, 2013.

Tchividjian, Tullian. 『더 크리스천』 정성묵 역. 서울: 두란노, 2014.

Thomas, Gary L. 『거룩이 능력이다』 윤종석 역. 서울: CUP,

2012.

Tjosvold, Dean W · Tjosvold, Mary M. 『리더십의 심리학』 조민호 역. 서울: 가산출판, 2009.

Washer, Paul. 『복음』 조계광 역. 서울: 생명의 말씀사, 2013.

Weiner, Allen N. 『소통의 기술』 이선희 역. 서울: 시아, 2010.

Welch, Jack · Welch, Suzy. 『승자의 조건』 윤여필 역. 파주: 청림출판, 2007.

Wilkes, Gene. 『마음을 움직이는 리더십』 정인홍 역. 서울: 디모데, 2003.

Woodruff, Paul. 『아이아스 딜레마』 이은진 역. 서울: 원더박스, 2013.

W. Stott, John R. 『리더십의 진실』 정옥배 역. 서울: IVP, 2002.

\_\_\_\_\_. 『한 백성』 정지영 역. 서울: 아바서원, 2012.

\_\_\_\_\_. 『현대사회문제와 그리스도인의 책임』 정옥배 역. 서울: IVP, 2011.

Yancey, Philipl. 『하나님, 은혜가 사라졌어요』 배응준 역. 서울: 규장, 2014.

Youssef, Michael. 『리더십 18계명』 이용주 역. 서울: 요단, 1998.

Ziglar, Zig. 『오늘 변하지 않으면 더 이상 물러설 곳이 없다』 이구영 역. 서울: 큰나무, 2008.

해외서적

Boa, Kenneth. *The Perfect Leader*. Colorado: Victor, 2006.

Charlene, Li. *Open Leadership*. San Francisco: Jossey-Bass, 2010.

Greenleaf, Robert K. *On Becoming A Servant-Leader*. Don M. Frick · Larry C. Spears Editors. San Francisco: Jossey-Bass, 1996.

Malphurs, Aubrey. *Leading Leaders*. Grand Rapids MI: Baker Books, 2005.

Hoeldtke, Richards. *Church Leadership*. Grand Rapids MI: Zondervan, 1996.

## 21c 교회성장과 축복의 통로

**교회진흥원**은 기독교한국침례회 총회의 교육, 문서선교 기관으로서 교회의 교육, 목회, 선교활동에 관한 실제적인 연구와 프로그램 개발, 기독교 정보를 제공하고, 자료 출판 및 보급사역을 하고 있습니다.

- 각 연령별 교회학교 공과, 구역공과, 제자훈련 교재, 음악도서를 기획, 출판하고 이와 관련된 각종 강습회를 실시합니다.
- 요단출판사를 운영하며 매년 70여 종의 각종 신앙도서와 제자훈련 교재를 기획, 출판합니다.
- 3개의 직영서점을 운영하고 있습니다.

### 요단출판사 의 사역정신

그리스도인들의 올바른 신앙성장과 영성 개발에 필요한 신앙도서를 엄선하여 출판, 보급함으로써 이 땅에 하나님나라 확장을 위해 헌신하고 있습니다.

- **F**or God For Church
  하나님과 교회의 유익을 위하여 도서를 기획 출판합니다.
- **O**nly Prayer
  오직 기도뿐이라는 자세로 사역합니다.
- **W**ay To Church Growth & Blessings
  교회성장과 축복의 통로가 되기 위해 사명을 감당합니다.
- **G**ood Stewardship & Professionalism
  선한 청지기와 프로정신으로 사역합니다.
- **C**reating Christianity Culture & Developing Contents
  각종 문화 컨텐츠를 개발함으로 기독교 문화 창달에 기여합니다.

### 직영서점

**요단기독교서적 교회용품센타** 서울특별시 서초구 잠원동 69-14 반포쇼핑타운 6동 2층
TEL 02) 593 · 8715~8  FAX 02) 536 · 6266 / 537 · 8616(용품)

**둔산침례회서관** 대전광역시 서구 둔산동 1092번지 신둔산 빌딩 2층
TEL 042) 472 · 1919~20  FAX 042) 472 · 1921

**대전침례회서관** 대전광역시 동구 중동 21-27
TEL 042) 255 · 5322, 256 · 2109  FAX 042) 254 · 0356

**요단인터넷서점** www.jordanbook.com

"그러므로 너희는 가서 모든 민족을 제자로 삼아 아버지와 아들과 성령의 이름으로 침(세)례를 베풀고 내가 너희에게 분부한 모든 것을 가르쳐 지키게 하라 볼지어다 내가 세상 끝까지 너희와 항상 함께 있으리라 하시니라." _마 28:19~20